Walheide Tisch

NATURSCHÖNHEIT

AUS DEN ALPEN

DANKSAGUNG

Herzlichen Dank an OSR Inge Kogler. Sie war die Grande
Dame der Kräuterkunde beim Verein „Freunde naturgemäß-
er Lebensweise", die meine Fragen zu Pflanzen und deren
Wirkung stets umfassend beantwortete und mein Interesse an
der Volksheilkunde immer unterstützte. Durch den privaten
Kontakt mit ihr, ihre Erzählfreude und ihr Wissen, habe ich
den kräuterkundlichen „Erfahrungsschatz der Vorfahren"
wieder heben können.

Über neueste naturheilkundliche Möglichkeiten und Untersuchungen, aber auch über Astrologie, Anthroposophie,
Homöopathie und vieles mehr, durfte ich bei den heraus-
ragenden Referenten der Münchner Schule Natura Naturans
erfahren. Danke für alles, was hier vermittelt wird, vor allem
an Margret Madeysky und Olaf Rippe.

Meinen vielen Kursteilnehmern/Innen, die stets ungewöhn-
liche Fragen stellen, Anregungen geben und mich täglich neu
lernen lassen, bin ich besonders zu Dank verpflichtet. Es ist
schön, solchen Menschen begegnen zu dürfen.

Herzlichen Dank meinem Bergkameraden Walter Egger für
die schönen Bilder, die er beigesteuert hat. Meinen Dank auch
dem Tourismusverband meiner Heimatgemeinde Malta sowie
der Stadt Gmünd.

Ein Dankeschön aber vor allem meinen Kindern und
Enkelkindern, die das, was ich zusammenrühre, testen und
ausprobieren, mich immer unterstützen und bei mir sind.
Möge die Begeisterung meines jüngsten Enkels Simon noch
lange anhalten, denn so lange gibt es immer wieder Neues
von „Naturschönheit".

Walheide Tisch

NATURSCHÖNHEIT

AUS DEN ALPEN

Rezepte

freya

ISBN 978-3-99025-210-9
© 2015 Freya Verlag GmbH
Alle Rechte vorbehalten
A-4020 Linz
www.freya.at

Layout: freya_art, Christina Diwold
Lektorat: Mag. Walter Lanz
Bildmaterial: freya_art, Wolf Ruzicka, Christina Diwold
Heidi Tisch, Werner Tomelitsch, Malta Tourismus, Walter Egger
Fotolia: © Netzer Johannes, Michel Bazin, by-studio, Stauke, Herbert Esser, Paylessimages,
Liv Friis-larsen, Marem, designfgb, canicula, bloomua, djvstock, cat_arch_angel, bagira_87,
Daniel T. Seher, Ancello, Pixelot, AlenKadr, Aleksandra Smirnova, milosljubicic,
B. and E. Dudzinscy, olezzo, tamapanda, yemelianova, Visions-AD, Marek, tycoon101,
kitti bowonphatnon, rafo, Anna Sedneva, emer

printed in EU

——

Auch als
eBook
erhältlich

INHALT

Die Autorin auf Sammeltour in den Alpen.

EINE BLUME AUF DER ALMWIESE

Ich wuchs auf einem Bergbauernhof in Kärnten auf. Schon als kleines Mädchen bekam ich mit, wie meine Mutter sich Wohlbefinden und ihre Schönheit erhielt. Die Mutter stand immer zeitig auf, bei jedem Wetter, egal, ob es regnete oder schneite. Unsere Sommer verbrachten wir auf der Alm.

Am Berg musste sie bereits um 3.00 Uhr aus den Federn. Kühe und Ziegen mussten gemolken werden, die Kälber und Schweine wurden versorgt, dann ging sie zum Gletscherbach. Sie wusch sich den Oberkörper im eiskalten Wasser. Prustend, erfrischt, strahlend und sauber kam sie in die Hütte und nahm mit uns Kindern das einfache, herrlich zubereitete Frühstück ein. Selbst gebackenes Brot, selbst gerührte Butter und die gerade gemolkene Milch.

Diese Frische und Sauberkeit, die sie nach der harten Arbeit immer ausstrahlte, ihre ganze Naturschönheit, begleitete sie bis zum Ende ihres Lebens.

Ihre Schönheitsrituale, die trotz des nie enden wollenden Arbeitstages immer durchgeführt wurden, begleiteten mich durch die Kindheit.

Keine Haarwäsche wurde ohne eine Essigspülung beendet. Wöchentlich gab es einen „Brei" ins Gesicht, der die Haut „piezeln" ließ, sie aber leuchtend machte und immer zu viel Gelächter führte. Wasser war meiner Mutter wichtig, häufig war es eiskalt. Schichtseife für die Sauberkeit, ein grobes Handtuch anstatt eines Körperpeelings – und wir waren wach und gerüstet für Tage freudvoller Arbeit.

Lange Jahre habe ich die einfachen Rezepte der Mutter aus meinem Leben verbannt. Erst als eine teure Creme mir geschädigte Haut und entzündete, tränende Augen brachte, erinnerte ich mich wieder daran. Damals habe ich die erste selbstgemachte Kreation auf meine Haut geschmiert. Mein Gesicht glänzte von all dem Fett, das in der Heilcreme enthalten war, aber die Haut wurde wieder gesund. Das ist jetzt 20 Jahre her.

Wer in lebendiger, ursprünglicher Landschaft groß werden durfte, dem geht die Natur auch dann nicht aus dem Sinn, wenn er vorübergehend in einer Stadt leben muss. Mit den Jahren wuchs die Sehnsucht nach meinem Land und meinen Freunden der Kindheit, den Kräutern und Blumen. Seit 10 Jahren beschäftige ich mich intensiv mit dem alten Wissen über Heilpflanzen, von dem ich ja bereits in jungen Jahren viel mitbekommen hatte. Nun wurde es zu meiner Passion und ich sog wie ein Schwamm all das auf, was ich noch nicht wusste.

Kosmetik aus Stoffen, die die Natur für uns wachsen lässt, ist heute das Wichtigste für mich.

Innen und außen sollen die Helfer von Mutter Erde uns heil werden lassen, denn ohne innere Gesundheit kann es keine gesunde Haut geben. Es ist eine Leidenschaft daraus geworden, immer neue Rezepte und neue Mixturen auszuprobieren.

Inzwischen habe ich mein eigenes Rohstofflager mit vielen selbst hergestellten edlen Kräuter-Tinkturen, Kräuter-Fluids, Hydroglycerinen, Hydrolaten, Kräuter-Pulvern, Lebenselixieren und vor allem getrockneten Pflanzen, die ich selbst gesucht und gesammelt habe. Natürlich

Die Mutter der Autorin, 1935

Faschaun, Maltaberg; Heimat der Autorin

finden sich in meinem Rohstofflager auch Zutaten, die ich zukaufen muss, weil ich ein großes Laboratorium brauchen würde, um sie herzustellen.

Das Hauptgewicht aber liegt auf dem Selbstgesammelten und Selbsterzeugten. Jeder Mensch mit einer Küche kann es mir nachmachen.

Kein einziger meiner Tage beginnt ohne Ritual: ohne viel kaltes und warmes Wasser und mit einem guten Tee, ganz nach meinem Bedürfnis und meiner Mischlust. Die Arbeit macht mir Freude und 24 Stunden sind viel zu kurz, um alles,

was ich gerne tun möchte, zu schaffen. Wissenschaftliche Bücher gibt es zum Thema Hautpflege viele und ich hab auch viele gelesen und doch … meine Mutter hat kein einziges dieser Bücher gekannt und selbstverständlich das getan, was ihr bis in ihr 90. Lebensjahr eine gesunde, glatte, schöne Haut ohne Flecken und Dellen beschert hat.

Die einfachen Dinge und die einfachen Rezepte mit natürlichen Rohstoffen will ich gerne weitergeben, damit auch Ihre Haut gesund und schön wird oder bleibt.

Glockenblume auf der Alm.

Kölnbrein, Arlscharte im Maltatal, Kärnten

HELDIN DES ORGANISMUS

Unsere Haut ist nicht nur für unser gutes Aussehen verantwortlich, sie hält uns am Leben.

Deshalb gehen wir achtsam mit ihr um und verwöhnen sie mit zahlreichen Pflanzen, die dafür geeignet sind. Das, was man essen kann, ist meist auch für die äußerliche Pflege richtig und doch gibt es wirksamere und weniger effektive Pflanzen. Für die Pflege von innen nimmt man sie in Form von Frischpflanzen-Säften, in Salaten und als Aufstrich zu sich, frisch ergibt alles das beste Resultat und jeder Mensch blüht nach so einer Frischzellen-Kur auf. Häufig kann man frische Pflanzensäfte gleich auch für die äußerliche Kosmetik verwenden.

Für den Winter und wenn man eine einzelne Pflanze besonders gerne hat, trocknet oder konserviert man. Die Inhaltsstoffe der Kräuter, Sträucher und Bäume werden zu Tinkturen, zu Lebenselixieren, Hydrolaten, Hydroglycerinen, Mazeraten, Tees, zu Fluids und Extrakten. Wer auf sich hält, rührt Seifen, Shampoos, Duschgels, Cremes, Salben und Gele mit pflanzlichen Rohstoffen selbst. Nur wer selbst tätig wird oder penibel nach Lieferanten seines Vertrauens sucht, weiß sicher, was in den einzelnen Produkten drin ist.

Die Haut ist die Heldin unseres Organismus. Sie ist die erste Verteidigungslinie und schützt unsere inneren Organe. Sie ist das Bollwerk gegen fremde Substanzen, gegen Viren, Bakterien, Parasiten und Pilze. Sie ist unser Thermostat, der wärmt und kühlt und reguliert den Flüssigkeitshaushalt. Sie lässt uns Freude und Schmerz empfinden. Sie ist wie ein eifriger Händler, der ununterbrochen einkauft, verkauft oder tauscht und schon wieder mit der nächsten Lieferung bereitsteht, um sie zur Verfügung zu stellen. Eingekauft werden die guten Vital- und Nährstoffe (wenn vorhanden!), verkauft oder getauscht werden die überschüssigen und giftigen Schlacken, die unsere Haut ständig entsorgt.

Blühende Almwiese in den Alpen, 2000 m

DIE KRAFT DER ALPENPFLANZEN

In abgeschiedenen Bergregionen hat sich viel altes Wissen erhalten. Aber dort, wo sich früher Fuchs und Hase noch Gute Nacht sagten, hat längst das moderne Leben Einzug gehalten.

Über schmale Alpenpfade klettern Touristen, Hotels sind gebaut, die Menschen haben sich geändert. Nur die Pflanzen sind sie selbst geblieben.

Diese Pflanzen kenne ich seit meiner Kindheit. Einige hat schon meine Mutter verwendet und entsprechende Zubereitungen daraus gemacht. Bei meinen geliebten Ziegen konnte ich beobachten, was sie am liebsten fraßen. Heute bin ich noch genau so gerne in den Bergen wie als Kind und hole mir Kräuter mit ihrer urwüchsigen Kraft für meine Kosmetik.

Kraft, Ruhe, Besinnlichkeit, die Weite und die Klarheit kommen auf diese Weise in Salben (Balsame) und Tinkturen. Jedes Kraut ist geprägt vom Boden, auf dem es wächst. Der Duft ist einzigartig, ebenso die Wirkstoffe. Nur die vitalsten und stärksten Pflanzen überleben in großen Höhen. Sie entwickeln ungeheure Lebenskraft, um die intensive Sonne, die eisigen Winter, den Schnee, Wind und Wetter zu überstehen.

Edelweiß

In den berühmten Sissi-Filmen pflückt der Kaiser Franz Joseph seiner Elisabeth ein Edelweiß als Sinnbild seiner Liebe. Wunderschön, einzigartig und nur in den Hochregionen zu bewundern, wächst diese Zauberpflanze.

Sie ist heute Bestandteil vieler kosmetischer Produkte. Wenn man weiß, welchen Temperaturen, intensiver Sonnenstrahlung und anderen Widrigkeiten sie ausgesetzt ist, kann man sich vorstellen, dass ihre Wirkstoffe in Anti-Aging- und Sonnenschutz-Produkte passen. Verarbeiten darf man nur selbstgezüchtete oder die auf dem Markt erhältlichen Edelweiß, die Pflanzen des Hochgebirges sind nämlich strengstens geschützt. Fertigprodukte nur von glaubwürdigen Anbietern nehmen!

Ich verwende Edelweiß in kleinsten Mengen, sie wachsen bei mir in meinem hoch gelegenen Garten.

Fichte

„Wetterfeichtn" nannte man die einzeln wachsenden großen Bäume, unter denen das Almvieh bei Unwettern und Kälte Schutz suchte. Diese Fichten sind nicht zu vergleichen mit denen aus den Monokulturen von heute, die von Stürmen gefällt werden wie Zündhölzer. Die Bäume waren mächtig, weit ausladend und Schutz anbietend. Die abgeworfenen Nadeln haben wir als Streu für den Stall gesammelt.

Von den Holzknechten bekamen wir Kinder unseren „Kaugummi", der herrlich schmeckte und dafür sorgte, dass die Mundflora gesund blieb. Das Zahnfleisch war fest und keiner von uns musste in der Kindheit zum Zahnarzt.

Heute kommen die frischen Fichtenwipferl in den Waldhonig, den es jedes Jahr reichlich gibt und diese „Medizin" nehmen auch heute noch alle Kinder gerne ein.

Sie kommen in den Franzbranntwein, in Badeöle, Badekonfekt und Duschgels in Form von Ölmazerat, Fichtenglycerin und alkoholischen Auszügen.

Gelber Enzian

Der Enzian ist die Bitterpflanze des Hochgebirges, zwar auch in der Forschung angesehen, aber für die Bergbewohner seit Jahrhunderten der „Alles-wieder-gut-Macher", egal ob innen oder außen. Der bittere Geschmack ist sprichwörtlich, sein Können unbestritten. Ob Magen, Leber, Galle, Bauchspeicheldrüse oder Darm – er reinigt alles (allerdings nicht bei Entzündungen, dann den Gebrauch mit dem Arzt abklären). Eine schwache Lunge stärkt er, wie er überhaupt zur Stärkung des gesamten Organismus beiträgt.

In der Volksmedizin legt man Enzianblätter auf Wunden jeder Art. Auf eitrige Wunden, auf entzündete Wunden, auf Wunden, die lange nicht heilen, überall helfen die frischen, großen Enzianblätter oder auch ganz fein gemahlenes Wurzelpulver, das direkt auf die Wunde kommt oder auf einen Leinenlappen – wie es einem angenehmer ist.

Einige Tropfen Enzian-Extrakt gebe ich in straffende Gesichtsmasken, sie machen die Haut glatt und rein. Er gehört auch in jede Sportsalbe und jeden Sportbalsam. Badezusätze bei Hautunreinheiten, Hautentzündungen oder Hautirritationen bestehen bei mir aus einem Gutteil Enzian.

Ein Schluck Enzianschnaps, ½ Stunde vor einem opulenten Mahl und einen Schluck ½ Stunde danach, lässt auch schwache Mägen den Fettangriff gut überstehen.

Heidelbeere

Kaum eine Frucht enthält dermaßen viele Anthozyane wie die Heidelbeere. Anthozyane sind die blauen und roten Farbstoffe in Beeren und für die Bekämpfung der freien Radikalen wichtig.

Die frischen Beeren sollte man essen, wann immer es möglich ist. Später verwendet man die Marmelade und getrocknete oder gefrorene Früchte. Das Heidelbeerkraut (als Tee) kann den Blutzucker senken. In der Kosmetik verwende ich sehr gerne das feinst gemahlene Fruchtpulver als Radikalenfänger.

Das Pulver ist außerdem ein Vitamin- und Mineralienlieferant in Cremes, Duschgels, Badeprodukten und in der Lippenpflege.

Die schöne, sanfte und natürliche Farbe einer Heidelbeer-Pflege tut ein Übriges, um den Wohlfühleffekt entstehen zu lassen.

Isländisch Moos

Das Moos haben wir früher immer sä- ckeweise für die Schweinefütterung ge- holt. Es wuchs auf über 2.000 Meter. Die Schweine hatten es gern und es war bil- lig, das war früher wichtig. Dass wir den Schweinen damit strahlende Gesundheit bescherten, war ein Nebeneffekt.

Auch wir Menschen verwendeten das Isländische Moos. Es wurde in kaltem Wasser angesetzt, meist über Nacht, da- nach abgeseiht, ein bisschen erwärmt und langsam getrunken. Dieses Schleim- mazerat war bei Jungen und Alten we- nig beliebt, denn es schmeckt nicht gut. Vorrätig aber war es immer und wenn jemand Magenbrennen oder Durchfall hatte, bekam er es verabreicht. Bei Hus-

ten, vor allem Keuchhusten und schwa- cher, angegriffener Lunge gab es das schleimige Gebräu ebenfalls.

Das Vieh wurde damit von Verkühlun- gen und Husten geheilt, auch bei Durch- fall und Schwäche kam es in eine Flasche und wurde eingegeben.

Isländisch Moos leistet auch der Haut gute Dienste. Mit Auflagen oder Bädern kann man große Erfolge bei Schleim- haut-Verletzungen, Reizungen der Schleimhaut und bei hartnäckigen, sehr trockenen Ekzemen erzielen.

Lärche

Der imposante Baum wächst vor allem im Hochgebirge. Die Lärche hat einen einzigartigen Duft und sehr wertvolles Pech. Ich mache Lärchenpech-Balsam daraus, der häufig bei Erkältungen besser wirkt als alles, was man fertig kaufen könnte. Ich erinnere mich gerne an meinen Großvater, der mir aus der Rinde Schiffe schnitzte und einen Stall für meine Spieltiere baute. Für das Spiel war meist nur im Winter Zeit. Sonst kam ich mit der Lärche eher in Berührung, wenn wir die herabgefallenen Zweige als Heizmaterial sammelten. Die großen Bäume wurden oft vom Blitz getroffen, dabei gespalten, verschmort und es machte mich immer traurig, wenn es wieder so einen Riesen erwischt hatte.

Damals brachten die Holzknechte das begehrte Pech, heute kann man es in Spezialläden kaufen, es ist reiner, duftet aber nicht mehr so intensiv wie damals. Es ist für Wundsalben für Mensch und Tier bestimmt. Der Wundbalsam zeigt seine Wirkung bei Erkältungen, in der Wundheilung und für Nebenhöhlenerkrankungen (Sinusitis, mit Engelwurz). Kinder lassen sich den duftenden Balsam gerne auf juckende Stellen schmieren, z. B. auf Rötungen um die Nase oder den Mund.

Lärchenbalsam ist ein ziehendes Produkt, man kann ihn auch bei einem eingezogenen Span einsetzen. Die jungen Nadeln kommen in einen Baumhonig, das Öl passt in die Badekosmetik, fein gemahlene Nadeln auch in Badekonfekt, in den Franzbranntwein und in jedes Lebenselixier.

Latschen

Es ist kein Wunder, wenn Geist und Seele, Herz und Lungen regelrecht aufblü-
hen, wenn sie diese bis auf 2.700 Meter
lebenden Bergbewohner riechen oder
spüren dürfen.

Suchen Sie Latschen auf, wenn Sie Pro-
bleme mit den Bronchien oder mit der
Lunge haben. Wenn Ihnen als Raucher
die Luft ausgeht, dann suchen sie auf einer Wanderung nach Latschen. Berühren
Sie sie, atmen Sie den Duft tief ein. Die
Reinheit, die von dieser Pflanze ausgeht,
ist überwältigend. Daheim kann man die
Kraft auch noch spüren.

Frische Latschentriebe, kleingehackt,
mit heißem Wasser überbrüht oder in
einem Leinensäckchen ins Vollbad ge-
hängt, bringen Bergstärke ins Haus.
Pfarrer Künzle empfiehlt, bei andauern-
den Bronchienproblemen einen Korb voll
kleingehackter Latschen in das Zimmer
zu stellen – es hilft wirklich.

Nicht nur Zirbenschnaps schmeckt gut,
auch aus den frischen „Latschentschurt-
schen" (=Latschenzapfen) gibt es eine
wohlschmeckende Medizin. Latschenaus-
züge verwende ich in Fußcremen, Hand-
und Massagebalsamen.

Ich mache Latschenbutter, Latschenseife,
Duschgel mit Latschenbestandteilen, Ba-
deöl, Badesalz oder Badebomben daraus.
All das könnten auch Sie selbst zubereiten. Ich setze Latschen in Öl oder Glyze-
rin an, in reinem Spiritus oder in einem
guten Schnaps (Ölmazerat, Hydroglyce-
rin, alkoholischer Auszug).

Mehrmals im Jahr verwende ich trockene
Latschenzweige oder zerkleinerte Zapfen
zum Räuchern – da ziehen reinigende
Wesen und Ruhe ins Haus ein und alles
Üble verschwindet nach draußen.

Meisterwurz

Für mich ist die Meisterwurz die Königin der Bergpflanzen. Als Kind schaute ich stundenlang durch mein Fernglas und beobachtete meine Ziegen, die Gämsen und Hirsche (im Sommer waren auch sie in den Hochregionen).

Immer hielten sich die Tiere an Plätzen auf, wo viel Meisterwurz wuchs. Deshalb verwöhnte ich meine Lieblingsziegen, wenn wir sie beim Haus behalten mussten, mit Büscheln von Meisterwurz-Blättern.

Die Meisterwurz trägt sicher ihren Teil zur Kraft und Ausdauer der Tiere bei, die in hohem Tempo und mit atemberaubenden Sprüngen die steilsten Hänge hinaufklettern. Meisterwurz heißt bei uns Kraut der Sennen, weil sie ihnen die Kraft gibt, die täglichen Kontrollgänge zum Vieh ohne Atemnot und Müdigkeit zu überstehen.

Bei uns gab es Milchabkochungen nach einer Krankheit, um wieder auf die Beine zu kommen. Breiumschläge aus Blättern oder zerstampften Wurzeln wurden bei eitrigen Wunden gemacht. Heute verwende ich Meisterwurz-Wurzeln gerne als Pfefferersatz, die Blätter auch in Kräutersalz.

In der Kosmetik verwende ich Meisterwurz in klärendem Gesichtswasser, in Salben für eitrige Wunden, aber auch bei entzündlichen Ekzemen und Eiterpusteln im Gesicht. Die frische Wurzel soll alles aus Wunden ziehen, meinte man bereits im Mittelalter, sogar Pfeile und Kugeln. Alchemisten wie Paracelsus trugen die Wurzel immer bei sich. Heute wird sie als vorbeugendes Mittel gegen Krebs und bei bestehenden Krebsleiden empfohlen. Viele Kräuterkundige vergleichen die Meisterwurz mit der Engelwurz. Für mich ist ihre Wirkung aber stärker. Ich bereite mir regelmäßig ein Alpenlebenselixier daraus, das mir über Müdigkeit und Ausgelaugtheit hinweghilft. Alkoholiker braucht man nicht werden, hin und wieder ein Schluck genügt.

Es ist beim Meisterwurz-Schnaps ebenso wie bei den ätherischen Ölen, weniger ist mehr. In den berühmten Hoffmannstropfen ist die Zauberwurzel die mächtigste Beigabe. Allein mit dieser Pflanze könnte man Seiten füllen.

Preiselbeere

Das herbe Früchtchen wird bei uns schon seit alters her für den Wintervorrat gepflückt, fast mehr noch als die Heidelbeere. Wenn einer von uns sich die unteren Regionen verkühlt hatte und an einer Blasenentzündung litt oder wenn die Nieren angeschlagen waren, gab es Preiselbeeren und natürlich auch den Tee aus den Preiselbeer-Blättern. Diese Wirkung ist heute durch wissenschaftliche Untersuchungen weitgehend bestätigt.

Die Blätter sammelt man übrigens frühestens im August, dann haben sie den höchsten Wirkstoffgehalt. In warmem Wasser wurden die entzündungshemmenden und harntreibenden „Grantn" verabreicht. Das schmeckte so gut, dass wir Kinder oft ein bisschen klagten, damit die Mutter uns das Getränk zubereitete. Bei Fleischspeisen, vor allem bei dem häufig vorhandenen Wild, waren eingekochte Preiselbeeren immer dabei.

In der Kosmetik gehört die Preiselbeere zu den wichtigsten Antioxidantien-Pflanzen. Ich verwende sie ebenso wie die Heidelbeere, auch sie kommt in Cremes, vor allem aber in eine Maske, die der Haut wieder Kraft gibt.

Wacholder

Anders als im Tal sticht der Wacholder der Berge nicht. Einzelne Zweige sind immer dabei, wenn Speck, Würste und Geselchtes auf althergebrachte Weise geräuchert werden. Das schmeckt nicht nur wunderbar, es dient der Desinfektion und wirkt keimtötend. Die reifen Beeren werden als Gewürz gebraucht und bei Nieren- und Blasenbeschwerden gab es früher immer ein paar zu kauen. Kranken- und Sterbezimmer wurden mit Wacholder gereinigt. Heute wird von der Wissenschaft bestätigt, dass der Wacholder eine Pflanze ist, die in Grippezeiten, bei Lungenschwäche, Husten, Wassereinlagerungen, Gicht, Rheuma, Schmerzen und Magen-Darm-Beschwerden helfen kann.

Bei Hauterkrankungen aller Art dient der Wacholder zur Ausleitung, vor allem regt er die Niere dazu an, Gifte auszuscheiden. Vor dem Holunder soll man den Hut ziehen, vor dem Wacholder in die Knie gehen. Weisheiten aus alter Zeit sind heute hochaktuell. Der Wacholder der Berge bewahrt uns vor den Zivilisationskrankheiten.

Ich arbeite Wirkstoffe des Wacholders in Schmerzsalben ein, bei allen Rheuma-, Gicht- und Artrithissalben, und zwar als alkoholischen Auszug. Man kann alkoholische Einreibungen damit machen (Franzbranntwein) oder Essigeinreibungen. Dafür Beeren oder kleingehackte Zweige in Essig ausziehen (das geht übrigens mit allen Alpenpflanzen), mindestens 6 Wochen ziehen lassen, dann abseihen. Damit macht man Körperwaschungen bei Grippe, Schwächezuständen und allen infektiösen, viralen, bakteriellen Erkrankungen. Immer wenn eine Epidemie (heute sagt man Pandemie dazu) droht, ist der Wacholder ein abwehrendes Kraut, das wussten die Leute bereits zu Pestzeiten.

Für mich ist der Zwergwacholder in Cellulitebutter, -salbe, -gel, und -öl unverzichtbar. Bestens geeignet ist er auch für Venensalben und bei Wassereinlagerungen.

Zirbe

Mein Zauberbaum hat lange, weiche Nadeln. Auch das Holz ist weich, deshalb wurden daraus die einfachen Hausgeräte gemacht. Wie alt so ein Gerät auch wird, es riecht unvergleichlich gut.

Zirbe hat einen Duft, der nie vergeht und man erkennt das Holz noch nach Jahrzehnten sicher an diesem Duft. Heute holt man sich teure Betten und dergleichen in die Wohnungen, um die Wohnqualität zu verbessern, Strahlen abzuwehren und die Herzgesundheit zu fördern.

Ich stelle jährlich alkoholische Auszüge, Ölmazerat und Glycerin aus den Nadeln her, vor allem für Bäder und Einreibungen. Feine Späne kann man in Kissen füllen, sie sind dann eine Auflage bei Schmerzen aller Art.

Immergrüne und langlebige Pflanzen haben den Ruf, auch dem Menschen ein langes, gesundes Leben zu bescheren, deshalb nütze ich die Kraft dieser Bergriesen auch bei Räucherungen und für wohlschmeckende Elixiere.

Aus den jungen Zapfen, zur richtigen Zeit gepflückt, entsteht der begehrte „Zirmschnaps".

ZIRBENPEELING FÜR GESICHT UND KÖRPER

Zutaten

» *1 Tasse ganz feine Zirbenspäne*
» *½ Tasse feines Salz*
» *½ Tasse Reismehl*
» *⅓ Tasse Sesamöl*
» *5–8 Tr. äth. Zirbenholzöl*

Zubereitung und Anwendung

* Alle Zutaten gut vermischen und in einem großen Gefäß aufbewahren.
* Im Bad oder in der Dusche auf angefeuchteter Haut verwenden, sanft rubbeln.
* Im Gesicht natürlich nur bei gesunder Haut anwenden. Belebt und erfrischt, man hat danach eine glatte, wohlriechende Haut.
* Die Haltbarkeit beträgt ca. 1 Jahr.

FUSSPEELING ODER FUSSBAD

Zutaten

» *1 Tasse Zirbenspäne*
» *1 Tasse Meersalz*
» *1 Tasse weiße Heilerde*
» *½ Tasse Olivenöl*
» *20 Tr. äth. Zirbenöl*
» *6 Tr. äth. Salbeiöl*

Zubereitung und Anwendung

* Alles gut durchmischen und in einem großen Gefäß aufbewahren.
* Mit 2 bis 3 EL der Mischung im Fußbad oder für das Fußpeeling auf angefeuchteten Füßen, findet man das Auslangen.
* Beim Fußbad die Füße 10 Minuten im Wasser lassen.
* Erfrischt, belebt ungemein und hemmt Schweißgeruch.

PRODUKTINFORMATION

Woher bekomme ich die Rohstoffe für meine Bio-Kosmetik

Die von mir verwendeten Rohstoffe sind im Apothekerhandel, bei den Anbietern von kosmetischen Grundstoffen oder über das Internet erhältlich. Am Ende des Buchs finden Sie einige Spezialadressen. Ich persönlich habe ein umfangreiches Rohstofflager, weil ich sehr viele Menschen bei der Herstellung ihrer persönlichen Kosmetik unterstütze, berate und auch selbst viele Produkte in biologischer Qualität herstelle.

ALKOHOL/ESSIG

Alkohole werden für die Desinfizierung der Arbeitsgeräte, für Raumsprays oder zur Parfumherstellung benützt. Sie können auch als Konservierung und zur besseren Zubereitung von Gelen dienen.

Essigansätze aus verschiedenen Pflanzen sind ein altes Schönheitsmittel, regulieren den pH-Wert, machen glänzende Haare, feine Poren und einen rosigen Teint. Ein guter Essig für die Haut ist immer auch ein gutes Nahrungsmittel und dann ein Säure/Basen Regulator.

EMULGATOREN

Ein Teil verbindet sich mit dem Wasser, der andere verankert sich im Fett. So sorgen Emulgatoren dafür, dass Fettphase und Wasserphase eine stabile Verbindung eingehen. Für eine stabile Emulsion ist das Verhältnis von Öl, Emulgator und Wasser wichtig. Emulgatoren lassen sich untereinander problemlos verbinden. In der Naturkosmetik sollten nur aus Pflanzen hergestellte Emulgatoren verwendet werden.

Emulsan oder Montanov 68, es wird aus der Stärke der Maniokwurzel und aus Kokosöl gewonnen.

EXTRAKTE UND TINKTUREN

Extrakte aus Frischpflanzen sind ein wichtiger Teil in der Naturkosmetik. Die Rohstoffe (Pflanzen und deren Wurzeln) sollen in Handarbeit verarbeitet und in Gebirgsquellwasser und in biologischem Alkohol ausgezogen sein (wie es bei meinen Produkten der Fall ist).

Man nimmt Alkohole von 40 bis 90% Alkoholgehalt, je nachdem, ob Blüten, Blätter, Rinden, Wurzeln oder Harze darin ausgezogen werden. 3 bis max. 15% kann man in Cremes, Salben, Gelen, Shampoos, Duschgels verwenden. Selbstverständlich sind Extrakte/Tinkturen (aus ungiftigen Pflanzen) auch für die innere Einnahme geeignet.

Aus Alant, Alpenblumen, Arnika, Augentrost, Beifuß, Beinwell, Bernstein, Birke, Blasentang, Blutwurz, Centella, Efeu, Eibisch, Eichenrinde, Enzian, Erdrauch, Erica, Frauenmantel, Gingko, Ginseng, Goldrute, Gurke, Hamamelis, Hauswurz, Hirtentäschel, Holunder, Hopfenblüten, Huflattich, Johanniskraut, Kaffeebohnen, Kamille, Kapuzinerkresse, Klettenwurzel, Kornblumen, Labkraut, Lebermoos, Lindenblüten, Lotus, Mädesüß, Malve, Mäusedorn, Meisterwurz, Melisse, Meristem, Olivenblätter, Petersilie, Pfefferminze, Propolis, Rosenwurz, Rosmarin, Rosskastanie, Salbei, Schachtelhalm, Schafgarbe, Siegelwurz, Sonnenhut, Steinklee, Stiefmütterchen, Tulsi, Veilchen, Walderdbeeren, Weidenröschen, Weihrauch, Weinlaub, Yamswurzel

GELBILDNER

Ideale Verdicker für wässrige Zubereitungen und Gele sind Xanthan und Guarkernmehl. Das pulvrige Xanthan wird von natürlich vorkommenden Mikroorganismen aus Mehrfachzucker (Polysaccharid) erzeugt, wie er in vielen Pflanzen vorkommt. Guarkernmehl ist ein leicht gelbliches Pulver aus dem Meristemgewebe einer indischen Hülsenfrucht. Man pulverisiert nur jenes Gewebe, das sich um den Keim herum gebildet hat.

GLYCERIN

Glycerin ist ein dreiwertiger Alkohol, der aus natürlichen Fetten (bei mir aus Kokosöl) gewonnen wird. Es ist eine dicke Flüssigkeit und in reinem Zustand geruchlos, farblos und von süßem Geschmack. Ich verwende dieses Glycerin, um daraus Hydrosole (= Hydroglycerine, Pflanzenauszüge) herzustellen. Glycerin hat im Gegensatz zum reinen Alkohol feuchtigkeitsspendende und feuchtigkeitsbindende Eigenschaften.

HEILERDEN
Heilerden sind reich an Mineralien und regulieren die natürlichen Funktionen der Haut.

Für Gele und Masken eignen sie sich als Basismaterial. Man braucht Heilerde für Haarshampoos, Bäder und Umschläge, Zahnpasten, dekorative Kosmetik, Cremes, Butter und Seifen u.v.m.

HYDROGLYCERINE = HYDROSOLE
Enthalten die hochwertigen Wirkstoffe von Pflanzen. Sie haben gegenüber Pflanzenextrakten (Pflanzenauszügen in normalem Alkohol) den Vorteil, dass sie die Wirkweisen der Pflanzen UND gleichzeitig das feuchtigkeitsspendende pflanzliche Glycerin beinhalten.

Herstellung: Knospen, Blüten, Wurzeln oder Pflanzenpulver werden in Glycerin und Wasser ausgezogen = mazeriert.

HYDROLATE
Hydrolate entstehen durch Wasserdampfdestillation von Pflanzen. Sie enthalten die wasserlöslichen Inhaltstoffe der Pflanzen und einen geringen Anteil an ätherischen Ölen.

Hydrolate dienen als Wasserphase in Cremes, Emulsionen, als Gesichts- und Haarwasser und zur allgemeinen Körperpflege. Die Rohstoffe für meine Hydrolate stammen aus Wildsammlungen von Alpenpflanzen oder aus einem biologisch geführtem Garten (Permakultur) und werden in einer kleinen Destillation in Handarbeit hergestellt.

Hydrolate wurden jahrzehntelang als Nebenprodukte bei der Erzeugung von ätherischen Öle einfach weggeschüttet, bekommen jetzt aber immer größeren Stellenwert, denn sie enthalten Restbestände an ätherischen Ölen und alle wasserlöslichen Stoffe der Pflanzen. Wenn große Mengen eines Krautes zur Verfügung stehen, kann man mit einer kleinen Destille Hydrolate für den Eigenbedarf herstellen. Größere Destillen sind anmeldepflichtig.

Viele Pflanzenhydrolate bekommt man in Apotheken (Hamameliswasser, Rosenwasser, etc.) oder kann sie im kosmetischen Fachhandel erwerben, sehr viele auch bei mir.

KONSERVIERUNGSMITTEL

Manches kann in so kleiner Menge zubereitet werden, dass es verbraucht ist, ehe es verdirbt.

Bei manchen wertvollen Cremen will man auf eine sanfte und biologische Konservierung nicht verzichten. Ich nehme dafür Biokons: Der Zusatz von ca. 0,5 % Biokons plus führt zu einer Haltbarkeit von ca. 4 Monaten. Die Zugabe von 1 % Biokons plus führt zu einer Haltbarkeit von ca. 8 Monaten

Ein Konservierungsstoff in kosmetischen Produkten ist nur dann nötig, wenn längere Haltbarkeit eines Hautpflegemittels erwünscht ist. Eine Konservierung von 6 bis 8 Wochen wird mit ätherischen Ölen erreicht (Benzoe, Teebaum, Grapefruit), ebenso mit Propolis (2 Tropfen auf 10 g genügen).

Inzwischen gibt es sehr gute pflanzliche Konservierungsstoffe, mit denen eine Haltbarkeit der Produkte bis 6 Monate möglich ist. Fünf Tropfen auf 50 ml Creme ergeben 3 Monate Haltbarkeit, 10 Tropfen 6 Monate.

PFLANZENBUTTER

Butter aus Pflanzen gehört zu den ältesten Schönheitsmitteln. Butter sind als Spezialpflege einsetzbar. Sie regenerieren und beleben jeden Hauttyp sofort und sichtbar. Aus den vielen Buttern in unserem Sortiment lassen sich herrliche Kreationen herstellen, für jeden Hauttyp und jedes Alter.

PFLANZENÖLE

Pflanzenöle gehören zu den wichtigsten Inhaltsstoffen eines Pflegeproduktes. Es gibt die Direktpressungen (wie z. B. Jojobaöl, Granatapfelkernöl, Aprikosenöl, etc.) oder Pflanzenöl-Auszüge (wie z. B. Johanniskrautöl). Als Pflege genutzt regeneriert, belebt und schützt fast jedes Pflanzenöl. Es spendet Feuchtigkeit, glättet und bringt die natürlichen Hautfunktionen wieder in Schwung.

Pflanzenmazerate mit Öl = Ölauszüge

Man kann sie selbst herstellen, indem man die gewünschte Pflanze (verschiedene Teile, je nach Pflanze) in einem guten Öl ausziehen lässt. Ich stelle unterschiedlichste Ölauszüge her und mache sehr gute Erfahrungen damit, vor allem bei den Salben und Balsamen.

PFLANZENROHSTOFFE

Sind feinst gemahlene Wirkstoffe aus getrockneten Pflanzen oder Pflanzenteilen. Man kann sie zum Teil pur, aber auch in weiterverarbeiteter Form (als Extrakt oder Hydrosol) einsetzen.

Beeren, Blätter, Blüten, Wurzeln und Samen geben die Kraft der Pflanze weiter, sie zeigen auf der Haut ihre starken Seiten, geben schöne Farben und einen natürlichen Duft.

Öle/Fette die ich bevorzugt in meiner Kosmetik verwende:

Abessinienöl, Aprikosenkernöl/butter, Avocadobutter, Babassuöl/butter, Buritiöl, Cupuakubutter, Distelöl, Holundersamenöl, Jojobaöl, Kakaobutter, Kokosfett/öl, Kokumbutter, Maccadamiaöl, Mandelöl/butter, Olivenbutter/öl, Sanddornbutter/öl, Sesamöl, Sheabutter, Sojaöl, Sonnenblumenöl, Traubenkernöl, Ucuubabutter, Wiesenschaumkrautöl u. v. m.

Abessinienöl wird aus den Früchten der Krambe gepresst, einer Ölpflanze aus der Familie der Kreuzblütler. Sie stammt aus Abessinien, deshalb auch der Name. Heute wird die Pflanze auch in Mitteleuropa angebaut. Das Öl ist für den Verzehr ungeeignet, in der Kosmetik dient es als Emulgator.

Ich verwende die folgenden Pflanzen:

Ananaspulver, Apfelpulver, Aroniabeeren (gemahlen), Augentrost, Bambuspulver, Bananenpulver, Berberitzenwurzel (gemahlen), Bertramwurzel (gemahlen), Birkenblätter, Birkenzucker, Blutwurzwurzel, Bockshornklee, Brennnessel, Brokkolipulver, Brombeerpulver, Chlorella, Cistrose (gemahlen), Colanüsse, Cranberry, Curcumawurzel, Efeu, Engelwurzpulver, Enzianwurzel, Erdbeerpulver, Galganwurzel, Gänseblümchen,

Gerstengras, Ginseng, Granatapfelschalen, Grünalge, Grüner Tee, Gundelrebe, Haferflockenpulver, Hagebutten, Hamamelis, Heidelbeerpulver, Heublumen, Himbeermarkpulver, Holunder, Honigpulver, Ingwer, Jasmin, Johannisbeeren, Kakaopulver, Kaktusblüten, Kardamom, Karottenpulver, Kastanienpulver, Klettenwurzel, Knotentangpulver, Königskerzen, Kornblumen, Lavendelblüten, Liebstöckelpulver, Lotus, Löwenzahn, Maccapulver, Manjishta, Mariendistel, Meisterwurz, Neem, Nussbaumpulver, Orangenpulver, Pfeffer, Pfeilwurzelpulver, Pfingstrose, Quecke, Reispulver, Rosenpulver, Rosenwurz, Rotalgenpulver, Rotes Weinlaub, Salbei, Schachtelhalm, Schlehen, Schwarzkümmel, Sesam, Shikakaipulver, Spargelpulver, Spinat, Spirulina, Steinklee, Süßholzwurzelpulver, Taigawurzel, Tepezcohuitepulver, Teufelskralle, Tomatenpulver, Tulispulver, Ulme, Urucumpulver, Veilchen, Vitamin-C-Pulver, Weidenrinde, Weihrauch, Weintraubenkernpulver, Weißdorn, Weißer Tee, Yamswurzel, Zeder, Zimt, Zitronenschalenmehl

AUCH NOCH WICHTIG

Für die Herstellung der persönlichen Pflege wichtig und oft einsetzbar: Aloegel, Ätherische Öle, Natursalz, Reismehle, Mineralfarben, Peelinggranulate aus den Samen verschiedener Pflanzen, Enzymkomplex, Vitamin A Palmitat, Vitamin E, Vitamin C, Bienenwachs, Lanolin, Honig, Milchprodukte wie Joghurt oder Quark, Emulgatoren, wie z. B. Emulsan, Meristemextrakt (wird aus 3 Pflanzen gemacht), Flüssigseife (für die Herstellung von Shampoos und Reinigern, die pflanzlichen Wachse wie Mandel- Jojoba-, Sonnenblumen- und Mimosenwachs sind wichtig, wenn wir nur pflanzliche Inhaltsstoffe in der Kosmetik wollen.

INFO

Abkürzungen der Mengenangaben

mg = Milligramm, g = Gramm, ml = Milliliter, Msp. = Messerspitze, ML = Messlöffel, EL = Esslöffel, TL = Teelöffel, Tr. = Tropfen

SCHÖNHEIT IN DEN TIEGEL

Sanftes Gel

Gele nimmt man im Sommer als Basis für viele Tagescremes, bei junger, fetter oder aknegeschädigter Haut. Auch bei schweren Beinen, für Sportlergele, bei Insektenstichen, für kühlende After-Sun-Behandlungen, Peelings und Masken. Ein Gel ist schnell und leicht zubereitet. Gel enthält immer einen Gelbildner, den man in Pulverform kaufen kann.

* Wichtig ist, dass Sie die im Rezept angegebene Menge Pulver in einen absolut trockenen Schüttelbecher oder in ein gut verschließbares Marmeladeglas geben, es am Boden verteilen und mit ein paar Tropfen Alkohol benetzen.

Ich nehme dafür kosmetisches Basiswasser, das ist Alkohol, der mit Vitamin B versetzt ist. Das Pulver sollte angefeuchtet sein, aber nicht schwimmen! Als Pulver = Gelbildner kommen Xanthan oder Guarkernmehl in Frage. Ich nehme immer das, was einfach zu besorgen und natürlich ist. Xanthan wird von natürlich vorkommenden Mikroorganismen aus Polysacchariden (Mehrfachzucker) erzeugt, er kommt in vielen Pflanzen vor.

Es ist ein weißes Pulver, das gut wasserlöslich ist.

* Guarkernmehl ist ebenfalls ein Pulver, das aus Teilen einer indischen Hülsenfrucht gewonnen wird. Xanthan und Guarkernmehl sind wunderbare Gelbildner, man kann sie über den komsetischen Rohstoffhandel beziehen (auch Apotheken oder Drogerien).

* Jetzt kommt die benötigte Menge destilliertes Wasser, Hydrolat oder Kräutertee, je nach Rezept, dazu.

* Glas oder Schüttelbecher verschließen und schütteln, bis es aufhört zu blubbern.

Vorsichtig prüfen, ob das Gel bereits fest genug ist, dann durchrühren und weitere Wirkstoffe einarbeiten.

* Verwendet man Wirkstoffe aus Kräutern in Tinkturenform (Tinktur = alkoholischer Auszug von Pflanzen), soll der Anteil höchstens 10 bis maximal 15 % der Gelmenge betragen, denn Alkohol trocknet aus. Das Gel wird durch Flüssigkeiten dünner.

* Arbeiten Sie die gewünschten Ingredienzien langsam unter, nie unter heftigem Rühren. Pulver, Vitamine, Öle, alles kann nach Wunsch eingearbeitet werden. Ich lasse das Gel dann einige Stunden stehen, es dickt immer etwas nach. Bevor es abgefüllt wird, kann man dann, wenn nötig, etwas verdünnen (oder verdicken).

GEL-HERSTELLUNG

in 9 Arbeitsschritten

01 Zutaten bereit stellen **02** Mit wenig Basiswasser befeuchten
03 Gelbildner in eine Dose füllen »

GEL-HERSTELLUNG

in 9 Arbeitsschritten

04 Flüssigkeit zufügen **05** Schütteln **06** Nachsehen, ob das Gel fest genug ist »

GEL-HERSTELLUNG

in 9 Arbeitsschritten

07 Weitere Zutaten beifügen **08** Gründlich einrühren
09 Das Produkt (hier eine Peelingmaske) ist fertig.

ALLESKÖNNER

Cremes, Emulsionen, Lotionen

Die Zubereitungen aus einer Fett-, einer Wasser- und einer Wirkstoffphase nennt man in der Fachsprache Hautcreme.

**Die meisten der kreierten
Rezepte haben diese 3 Phasen:**

* Fettphase
* Wasserphase
* Wirkstoffphase

SCHRITT 1:

Fettphase erwärmen

Die Fettphase besteht, wie schon der Name sagt, aus Fetten, Ölen, Butter und Emulgatoren.

* Man gibt die Fette in ein feuerfestes Glas und erwärmt das Glas im Wasserbad. Geben Sie Ihre kostbaren Fette und Öle nie in die Mikrowelle, damit vernichten sie alle Lebendigkeit, die Ihre Haut dringend braucht. Es gibt Menschen, die das, was sie an ihre Haut lassen und das,

was sie essen, prinzipiell auf einer offenen Flamme zubereiten. Das hat etwas für sich, wenn Sie diese Möglichkeit haben. Ansonsten nehmen Sie Ihren Elektro- oder Gasherd.

* Alles vorsichtig erwärmen, bis die Zutaten geschmolzen sind.

SCHRITT 2:

Wasserphase erwärmen

Dazu gehört alles, was wässrig ist, zum Beispiel Kräutertee, Hydrolate oder destilliertes Wasser.

* Die Wasserphase kommt in ein weiteres feuerfestes Glas und wird im Wasserbad auf etwa dieselbe Temperatur erhitzt, die auch die Fettphase hat.

* Um dies exakt zu messen, braucht man anfangs eventuell noch ein Speisethermometer, später reicht die Erfahrung. Die wertvollsten Zutaten der Wasserphase sind die Hydrolate. Sie sind ein Nebenprodukt bei der Herstellung von ätherischen Ölen.

Ich destilliere sie selbst und gebe meinen Überschuss ab, man kann sie in guter Qualität im Handel erwerben.

SCHRITT 3:
Wasserphase mit Fettphase vermengen

* Immer die Wasserphase in die Fettphase geben, nie umgekehrt. Mit einem Milchaufschäumer, Quirl oder Schneebesen rasch zusammenrühren, bis die Masse gut bindet.

* Jetzt erst mit der Hand zu einer glatten, schönen Creme rühren. Ich halte viel davon, jede Creme/Lotion mit der Hand zu rühren, damit gelangen Energie und Liebe hinein. Das kann kein elektrisches Gerät ersetzen.

SCHRITT 4:
Wirkstoffphase einarbeiten

Die Wirkstoffphase besteht aus den im Rezept angegebenen Vitaminen, Allantoin, Harnstoff (Pulver), Tinkturen, Hydroglycerinen, ätherischen Ölen, Wirkstoffölen, Hyaluronsäure …

* Pulverförmige Wirkstoffe wie Allantoin und Harnstoff (wichtig bei sehr trockener und geschädigter Haut) gibt man vor Zusammenrühren der Wasser- und Fettphase in die Wasserphase, darin lösen sie sich auf.

* Die meisten anderen Wirkstoffe sind wärmeempfindlich, man arbeitet sie erst dann ein, wenn die Wasser/Fettphase auf etwa 30 bis 35 Grad (= Handwärme) abgekühlt ist.

* Alle Arbeitsschritte bedächtig ausführen. Bei den Zubereitungen nicht eilen, das ist am Anfang wichtig, um die Arbeitsgänge nacheinander und in der richtigen Reihenfolge zu absolvieren.

Cremes, Emulsionen und Lotionen sind die reichhaltigste Form der Kosmetik und können für jedes Alter und jeden Hauttyp zubereitet werden. Sie dienen vor allem der Pflege der Haut an jedem Tag und bei Nacht. Man kann bei ihrer Zubereitung auf die Jahreszeit Rücksicht nehmen und vor allem auf den momentanen Zustand der Haut. Man passt einfach in den verschiedenen Phasen die Zutaten an den jeweiligen Zustand und das Bedürfnis der Haut an.

CREME-HERSTELLUNG

in 14 Arbeitsschritten

01 Zutaten des gewünschten Rezeptes bereitstellen **02** Öl (wenn in Rezept angegeben) genau abwiegen **03** Weitere Fettbestandteile und Emulgator zufügen **04** Restliche Fettbausteine beigeben (wiegen) »

CREME-HERSTELLUNG

in 14 Arbeitsschritten

05 Wasser (bzw. Hydrolate oder Kräutertee) in ein eigenes Gefäß geben (abmessen) **06** Beide Gläser in einen Topf stellen und im Wasserbad erwärmen **07** Geschmolzenes Fett gründlich verrühren (Temperatur kontrollieren) **08** Wasserphase in Fettphase gießen (nie umgekehrt, gleiche Temperatur) **09** Mit dem Rührgerät rühren, bis sich alles zu einer homogenen Masse verbunden hat »

CREME-HERSTELLUNG

in 14 *Arbeitsschritten*

10 Mit einem Rührlöffel die Konsistenz kontrollieren **11** Wirkstoffe zufügen **12** Gründlich einarbeiten **13** Dose desinfizieren (mit etwas Alkohol) **14** Creme mit einem Spatel in die Dose einfüllen.

REGENERIERENDE CREME

Zutaten

» *30 ml Meisterwurzhydrolat*
» *3 g Montanov 68*
» *10 g Alpenblumenöl*
» *2 ML Margeritenhydrosol*
» *5 Tr. Vitamin E*
» *5 Tr. Biokons*
» *4 Tr. äth. Lavendelöl*

Zubereitung
Wie Creme auf Seite 41.

CREMEBUTTER

Zutaten

» *40 g Kokosbutter duftend*
» *30 g Hagebuttenöl*
» *4 g Montanov*
» *2 ML Alpenblumenhydrosol*
» *10 Tr. Engelwurztinktur*
» *4–6 Tr. Johannisbeerduft*

Zubereitung
Wie Creme auf Seite 41.

FÜR MÜDE, REIFE HAUT

Zutaten

» *9 ml Borretschöl*
» *11 ml Jojobaöl*
» *4 g Emulsan neu*
» *30 ml Zirbenhydrolat*
» *5 Tr. Vitamin E*
» *5 Tr. Biokons*
» *1 ML Hyalurongel*
» *1 Msp. Natron*
» *2 Tr. äth.Cistrose*
» *3 Tr. äth. Grapefruit*

Zubereitung
Wie Creme auf Seite 41.

STRAFFE KONTUREN

Zutaten

» *4 ml Aloegel*
» *3 ML Gänseblümchenöl*
» *1 ML Gänseblümchenhydrosol*
» *1 ML Hyalurongel*
» *3 Tr. Biokons*
» *3 Tr. Jasminduft*

Zubereitung
Wie Creme auf Seite 41. In einen Roll-on füllen, in der Handtasche mitführen und während des Tages öfter verwenden.

LEICHT GETÖNTE CREME

Zutaten

» *30 ml Möhrenhydrolat*
  (aus der Wilden Möhre)
» *10 ml Pflaumenöl*
» *5 ml Aprikosenöl*
» *4 ml Karottenöl*
» *4 g Montanov68*
» *5 Tr. Biokons*

Zubereitung

Wie Creme auf Seite 41.
Die Creme duftet nach dem
Pflaumenöl.

FALTENKILLER

Zutaten

» *45 ml Aloegel*
» *2 ML Hyaluronsäure*
» *1 ML Elastin*
» *10 Tr. AHA-Säure*
» *4 Tr. äth. Weihrauch*

Zubereitung

Wie Creme auf Seite 41.

GETÖNTES GEL

Zutaten

» *25 ml Aloegel*
» *½ ML Pigmentmischung*
  hell oder dunkel, je nach Wunsch
» *½ ML Urucumpulver (Sonnenschutz)*
» *1 Ml Hyaluronsäure*
» *1 ML Johannisbeerglycerin*
» *3–5 Tr. Johannisbeerduft (äth. Öl)*

Zubereitung

Wie Gel auf Seite 35.

DIE GLÄNZENDEN

Balsame, Salben, Butter

Gesichts- oder Körperbutter ist ein höchst effektives und angenehmes Pflegeprodukt, das als Zusatzpflege von pflegebedürftiger Haut, aber auch zur Anregung der Haut aufgetragen wird.

Die „Butter" ist fettreich, das sagt schon der Name. Sie glänzt auf der Haut, ist aber mit den enthaltenen ätherischen Ölen und anderen Zusätzen reiner Balsam. „Butter" sorgt für rasche Regeneration, glättet und macht ein reines Hautbild. Das Zuviel an Fett kann man nach 10 Minuten mit einem trockenen Tuch abnehmen.

Salben und Balsame werden meist zu reinen Heilzwecken hergestellt. Gerade bei Heilprodukten muss auf beste Qualität bei den Rohstoffen geachtet werden. Rühren Sie Ihre heilenden Zusätze nicht in fertige Salbengrundlagen, wie man sie kaufen kann. Meist sind das Erdölprodukte. Sie verschließen die Poren, was nur bei einer reinen Wärmesalbe angebracht ist.

BUTTER

Die Fett-Buttermischung mit Wirkstoffen ist einfach zuzubereiten. Sie besteht meist ausschließlich aus einer Fett- und einer Wirkstoffphase. Verwendet man zusätzlich eine Pflanzen-Tinktur, so ist auch die Wasserphase dabei, allerdings meist in geringster Dosierung.

Schritt 1:

* Fettphase in einem hitzebeständigen Gefäß schonend im Wasserbad schmelzen. Gründlich per Hand verrühren und von der Hitzequelle nehmen.

Schritt 2:

* Bei Tinktur-Zugabe gehe ich nie höher als max. 15% der Gesamtmenge. Eine Tinktur ist flüssig, man braucht Fingerspitzengefühl, damit man das Einarbeiten dann vornimmt, wenn beides, Fett und Alkohol, annähernd dieselbe Temperatur haben. Alkohol trocknet die Haut aus, wenn zu viel davon genommen wird. Austrocknung ist ganz selten erwünscht, manchmal kann sie allerdings nötig sein.

Schritt 3:

* Wirkstoffe, wie im Rezept angegeben, bei Handwärme einarbeiten. Es besteht kein Zeitdruck. Die Wirkstoffe können auch eingearbeitet werden, wenn die Butter bereits ziemlich kühl ist, ansonsten nochmals leicht erwärmen. Eventuell enthaltenes Pulver sollte sehr fein sein, damit bei der Anwendung kein Kratzen auf der Haut entsteht. Gewünscht ist der Scheuereffekt ausschließlich bei einer Peelingbutter oder Peelingsalbe.

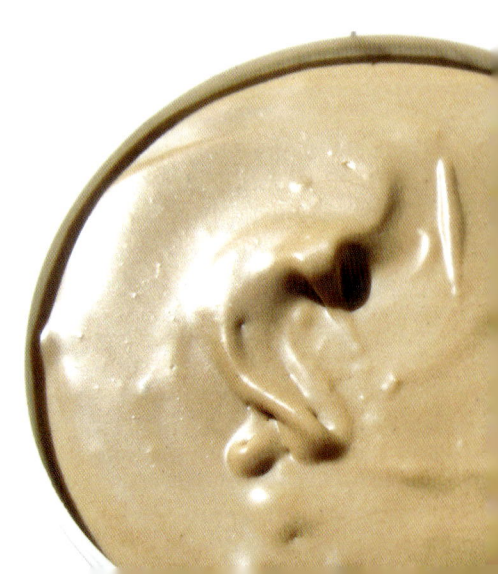

KÖRPERBUTTER-HERSTELLUNG

in 10 *Arbeitsschritten*

01 Zutaten vorbereiten **02** Fette Zutaten in den Topf füllen
03 Im Wasserbad erwärmen »

KÖRPERBUTTER-HERSTELLUNG

in 10 Arbeitsschritten

04 Das Fett soll sanft schmelzen **05** Mit einem Mixstab gründlich rühren **06** Wenn das Fett abgekühlt ist, Öl beifügen **07** Ausdauernd verrühren »

KÖRPERBUTTER-HERSTELLUNG

in 10 *Arbeitsschritten*

08 Weitere Wirkstoffe beigeben und mit dem Spatel einarbeiten **09** In Cremedosen füllen **10** Durch Zugabe unterschiedlicher Wirkstoffe bekommt jede Butter eine andere Farbe.

SALBEN, BALSAME

Für eine Heilsalbe werden in den allermeisten Fällen das Kraut oder die Wurzeln von Heilpflanzen in Öl angesetzt und in der Wärme ausgezogen.

Unsere Vorfahren hatten es leicht, sie stellten die Töpfe mit Öl (Butter) an den Rand des Herdes und die Pflanzen konnten darin bei geringer Temperatur ihre Wirkstoffe langsam an das Fett abgeben. Da kam es auf ein paar Minuten mehr oder weniger nicht an.
Auf einem modernen Herd muss dieser Prozess unter ständiger Beobachtung geschehen.

Schritt 1:
* Pflanzen in einen Topf mit Öl geben und bei geringer Temperatur nach Rezept ausziehen lassen. Dann durch ein Sieb gießen und in ein Gefäß mit einem Ausgießer füllen.

Schritt 2:
* Butter, Lanolin, Bienenwachs (eventuell zusätzlich Tinkturen) in ein Gefäß mit den Pflanzenöl geben und schmelzen. Gründlich verrühren und wieder fest werden lassen.

Schritt 3:
* Nochmals sanft erwärmen und Wirkstoffe (wenn gewünscht) zufügen.

Ich lasse die Salbe dann einige Stunden stehen, um zu sehen, ob die Konsistenz so ist, wie ich sie will. Dann erwärme ich die Masse ganz leicht und rühre erst dann Pulver, Farbe und weitere Wirkstoffe (zum Beispiel unterschiedliche Tinkturen)unter. Auch wenn man immer das gleiche Rezept rührt, ist das Ergebnis nicht immer dasselbe. Dies liegt an den natürlichen Rohstoffen, die sich bei jedem Mal anders verhalten können. Das ist es, was ein Naturprodukt ausmacht.

Himbeerpulverglycerin:
speziell getrocknete Himbeeren,
die zu Pulver verrieben werden

Mein Tipp

Wirkstoff-Gewinnung aus Öl geht natürlich auch auf eine andere Art, nur dauert sie um einiges länger. Denken Sie nur an das klassische Johanniskraut-Öl. Es entsteht, indem man die frischen Knospen und Blüten des Johanniskrautes in einem guten Öl an der Sonne (oder in der Wärme) ausziehen lässt. Dieser Vorgang kann über 6 Wochen dauern, bei manchen Pflanzen reichen bereits 4 Wochen.

Bei der klassischen Ringelblumen-Salbe aber arbeitet man z. B. mit Butter, früher ausschließlich mit Schweinefett, und lässt prasselnd ausziehen. Das bedeutet aber nicht, dass man nicht trotzdem etwas „langsam" ausgezogenes Öl einarbeiten kann. Sie sehen, die Möglichkeiten sind vielfältig.

BALSAM-HERSTELLUNG

in 12 Arbeitsschritten

01 Zutaten vorbereiten **02** Öl in einem Topf erhitzen **03** Pflanzen grob zerkleinern (mit Keramikmesser) »

BALSAM-HERSTELLUNG

in 12 Arbeitsschritten

04 In das Öl geben **05** Unterrühren und sanft erhitzen. Langsam bei niedriger Temperatur ausziehen lassen **06** Durch ein Sieb gießen **07** Pflanzen auspressen.

BALSAM-HERSTELLUNG

in 12 *Arbeitsschritten*

08 Das Pflanzenöl in einen Topf gießen **09** Fett und Bienenwachs zufügen **10** Alles verrühren und sanft erhitzen. Während des Schmelzens
immer rühren »

BALSAM-HERSTELLUNG

in 12 Arbeitsschritten

11 Erkalten lassen und eine Probe nehmen, um zu sehen, ob die Konsistenz stimmt **12** Das Befüllen soll immer bis unmittelbar an den Rand erfolgen.

AUGENPFLEGE

Die Haut ums Auge ist extrem beweglich, sehr dünn und mit wenig Fettgewebe ausgestattet. Gerade hier ist sofort sichtbar, wenn körperliches oder seelisches Ungleichgewicht herrscht. Es gibt hervorragende kosmetische Wirkstoffe, aber ohne einige zusätzliche Maßnahmen helfen diese zu wenig. Fröhlichkeit, Traurigkeit, Neugierde, Glück, nahezu alle Empfindungen spiegeln sich in den Augen und teilen sich mit. Deshalb ist es wichtig, die Augen und Augenpartie pfleglich zu behandeln.

WICHTIG FÜR DIE HAUT
UM DIE AUGEN SIND:
viel Bewegung, Augengymnastik, Überprüfung der Sehhilfen, Schutz vor extremer Kälte, Schutz vor Hitze und Sonne, Befeuchtung von überheizten Räumen, vitaminreiche Nahrung, die auch viele essenzielle Fettsäuren enthält, reichlich Schlaf, ausreichende Beleuchtung bei der Arbeit und beim Lesen und moderater Umgang mit Alkohol und Nikotin.

REINIGUNG DER AUGENPARTIE
Die Nummer 1 im Reinigungsprogramm ist reines, lauwarmes Wasser.

Milde Öle dienen der Make-up Entfernung, am besten geeignet sind emulgatorenfreie Reinigungsemulsionen.

Öle reinigen sanft und pflegen zusätzlich, sie zerstören den pH-Wert und hauteigene Schutzstoffe nicht. Ich selbst reinige ausschließlich mit Öl.

Peelings sind im Augenbereich nur mit Vorbehalt zu empfehlen, Masken schon eher.

HYDROLSOLE (HYDROGLYCERIN) SELBST HERSTELLEN

Hydrosole (Hydroglycerine) entstehen, indem man zerkleinerte Pflanzen oder Pflanzenteile (natürlich auch Pflanzenpulver) mit 30% Wasser und 70% Glycerin übergießt und 4 bis 6 Wochen in der Wärme ausziehen lässt.

* Zuerst wählt man die Pflanze, die man verwenden will, aus. Wenn die Möglichkeit besteht, Knospen der Pflanze zu bekommen, dann vor allem Knospen sammeln. Ansonsten auch Blätter, Blüten oder Wurzeln. Alles wird zerkleinert.

* In ein Glas mit großer Öffnung füllen. Nimmt man Knospen, dann reicht es, das Glas zu ¼ zu füllen, bei Pflanzenpulver kann man noch weniger nehmen, bei anderem Pflanzenmaterial kann ohne weiteres ½ bis ¾ des Glases voll sein.

* 70 % Glycerin und 30 % Wasser bereit stellen. Die Menge hängt davon ab, wie groß das Glas ist, das man befüllt. Man braucht nur kleine Portionen für eine Creme, also nicht gleich ½ l Hydrosol herstellen.

* Ich übergieße das Pflanzengut zuerst mit dem Wasser, damit die Pflanze nicht erschrickt. Dann füge ich das Glycerin bei. Immer pflanzliches Glycerin besorgen, das gibt es in Bioqualität bei mir oder in Apotheken.

* An einen warmen Ort stellen, eventuell an ein Ostfenster, dann ist die Sonneneinstrahlung nicht so stark. Täglich schütteln. Frühestens nach 4 Wochen durch ein Teesieb aus Papier abfiltern, in kleine Fläschchen füllen, verschließen und beschriften. Das Hydrosol kann aber auch länger ziehen.

* Ab jetzt dunkel und kühl lagern. Bei idealer Lagerung ist ein Hydrosol mindestens 2 Jahre ohne Qualitätsverlust haltbar (ebensolang wie eine Tinktur), häufig länger.

Hydrosol kann in Produkte wie Cremen, Butter, Gele und Milch, Salben, Duschgel, Shampoos, Lotionen und vieles mehr eingearbeitet werden.

Einsatzmenge: 1 bis 10 % Anteil in den Pflegeprodukten.

BUTTER UND WACHSE
IN DER AUGENCREME

Es gibt viele Möglichkeiten, die zarte Haut rund um die Augen zu pflegen. Die eine Frau liebt ein zartes Gel, die andere bevorzugt eine festere Augencreme. Sie herzustellen ist durch die Einbeziehung von Pflanzenbutter oder Wachs möglich.

Das Ausgangsprodukt für eine gute Augencreme, die nicht nur ihren Zweck erfüllt sondern obendrein noch super wirkt, ist bei mir mein ganz persönliches Alpenblumenöl. Bei meinen ausgedehnten Wanderungen über die Almen meiner Heimat pflücke ich kleine Mengen von allem, was in den Alpen vom Frühling bis ca. Ende Juli blüht. Ausgenommen sind die giftigen Pflanzen wie Eisenhut oder Germer.

Ich nehme winzige Mengen von den blauen Glockenblumen, von Margariten, Vergissmeinnicht, Wiesenschaumkraut, Primelarten, Moschus-Schafgarbe, Alpen-Sonnenröschen, auch ein oder zwei Alpenrosen und setze die Blüten in einem guten Jojobaöl an.

Die Blüten müssen 6 Wochen ausziehen, erst dann ist das Ölmazerat fertig und kann abgefiltert und beschriftet werden. Oder man köchelt und maceriert sie über einige Tage am Rande eines Holzherdes achtsam aus, das geht schneller. 6 Wochen ab der letzten Blütenzugabe gerechnet, denn natürlich blüht nicht alles auf einmal, also kommt auch nicht alles auf einmal in das Auszugsöl. Es sind schon ein paar Bergwanderungen nötig, um von allem, was in der Region blüht, etwas zu haben. Es ist nicht die Menge der Blüten, sondern ausschließlich die Vielfalt, die Wunderdinge tut. Nicht jeder hat die Alpen vor der Haustüre, aber man kann sich aus jeder Landschaft ein Blumenöl mazerieren. Dann ist es halt kein Alpenblumenöl (das übrigens bei mir erhältlich ist) sondern ein Steppenblumenöl oder ein Waldviertler Granitöl.

AUGENCREME FÜR STRAHLENDES AUSSEHEN

Zutaten

- » *35 g Alpenblumenöl*
- » *6 g Bienenwachs*
- » *20 ml Kräutertee oder Hydrolat (von Habichtskraut, Augentrost oder Frauenmantel)*
- » *8 Tr. Vitamin E (= Konservierung, wenn längere Haltbarkeit erwünscht ist, noch 5 Tr. Biokons zufügen)*
- » *3–5 Tr. Duft (z. B. Vanille)*

Zubereitung

Wie auf Seite 41 angegeben.

Das Bienenwachs kann durch Mandelwachs, Jojobawachs oder Sonnenblumenwachs ersetzt werden. Wenn Pflanzenbutter erwünscht ist, tauscht man Wachs und Butter aus, nimmt aber anstatt der empfohlenen 6 g Wachs, 12 bis 15 g Butter. Pflanzenbutter gibt es aus Kakao, Shea, Mandeln, Macadamia, Mango, Traubenkernen oder Monoi, Es gibt auch Olivenbutter, Aprikosenbutter, Avocadobutter oder Kaffeebutter – man kann die Lieblingspflanze auswählen.

KONTURENSTRAFFUNG FÜR DAS GANZE GESICHT

Zutaten

- » *2 ML Aloegel*
- » *10 ml Parakressehydrolat (=pflanzliches Botox)*
- » *1 ML Hyalurongel*
- » *1 ML Hagebuttenhydrosol*
- » *4 Tr. Konservierer (Biokons oder Rokonsal)*
- » *4 Tr. Duft (oder ohne)*

Zubereitung

Alle Zutaten zusammenmischen und verrühren.

Anwendung

Beschriften und täglich unter der Tages- und Nachtpflege verwenden, auch am Hals.

So eine „feste" Creme kriecht normalerweise nicht in die Augen. Es gibt einen besonderen Trick, damit die Creme hundertprozentig nicht kriecht: Man mische zu jeder beliebigen Butter immer ein wenig Kakaobutter dazu (bei der angegebenen Menge von 15 g Butter z. B. nur 13 g Pflanzenbutter + 2 g Kakaobutter = 10 – 15 % der Buttermenge).

GRÜNER BALSAM

**TUT DER AUGENUMGEBUNG
GUT UND IST PURE NATUR**

Zutaten

» *20 ml Jojobaöl*
» *2,5 g Avocadoöl, grün*
» *2,5 g Sheabutter*
» *2,5 g duftendes Kokosöl*
» *2,5 g Bienenwachs oder Ceralan
(Ceralan ist ein feines Granulat aus
dem Ausgangsstoff Bienenwachs)*
» *Veganer nehmen statt Bienenwachs
Mandelwachs*
» *3 Tr. Vitamin E*

Zubereitung

Wie auf Seite 41 angegeben.

Haltbarkeit

Man braucht für dieses Rezept keine zusätzliche Konservierung, der Balsam hält
etwa 6 Monate

MANDELMASKE

Zutaten

» *2 TL feines Mandelmehl,
auch Hafermehl ist möglich
oder Süßholz-Wurzelpulver*
» *wenig Aloegel*

Zubereitung

* Das Mandelmehl in wenig
Aloegel anrühren.

Anwendung

* Auf einen Wattebausch oder Pad
auftragen und auf die geschlossenen
Augen legen.
* Nach 5 bis 10 Minuten abnehmen.
* Mit lauwarmem Wasser die Reste
entfernen. Das ist Peeling, Reinigung
und Pflege in einem Arbeitsschritt.

MASKE ZUR GLÄTTUNG

Zutaten

» *1 Teil Gurkenhydroglycerin*
» *1 Teil Aloegel*
» *5 Tr. Hyalurongel*

Zubereitung

1 Teil Gurkenhydroglycerin und 1 Teil
Aloegel gründlich verrühren.

Info

Diese Mischung spendet viel Feuchtigkeit, Schwellungen gehen zurück.

ENZYMMASKE BEI EMPFINDLICHER HAUT

Zutaten
» *2–3 TL feinstes Ananasmehl (es gibt auch Papayamehl)*
» *wenig Natur-Joghurt*
» *Veganer nehmen statt dem Yoghurt Quittengel, Kokos- oder Reismilch*

Zubereitung
Das Ananasmehl in wenig Natur-Joghurt anrühren.

Anwendung
* Auf einen Wattebausch oder Pad auftragen und auf die geschlossenen Augen legen.
* Nach 5 bis 10 Minuten abnehmen.
* Mit lauwarmem Wasser die Reste entfernen.

MASKE BEI MÜDEN, GESCHWOLLENEN AUGEN

Zutaten
» *2 Schwarzteebeutel*

Zubereitung
Die Teebeutel mit heißem Wasser überbrühen.

Anwendung
* Den entstehenden Tee kann man trinken oder im Sommer für Eistee verwenden.
* Die Teebeutel kommen lauwarm auf die geschlossenen Augen und verbleiben hier 5 bis 10 Minuten.

Info
Weißer Tee ist ebenfalls möglich (Anwendung wie beschrieben). Er enthält viele Polyphenole, er strafft und nährt zusätzlich. Bei weißem Tee sind nur 2 % anfermentiert, es handelt sich um eine spezielle Herstellungsmethode. Grüner Tee ist völlig unfermentiert.

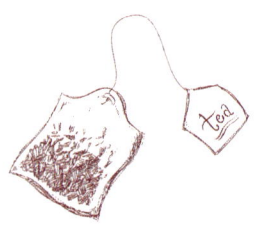

AUGENGEL

Zutaten

» ½ ML Xanthan
» 5–7 Tr. kosmetisches Basiswasser
   (95 %iger Alkohol mit D-Panthenol =
   Provitamin B5)
» 10 ml Jojobaöl
» 2 ML Gurkenhydrosol
» 20 ml Aloewasser
   oder Hauswurzhydrolat
» 1 ML Lecithin
» 1 ML D-Panthenol
» 10 Tr. Vitaminmischung ACE
» 5 Tr. Rokonsal
» 2–3 Tr. äth. Rosenöl

Zubereitung

* Aus Xanthan, dem kosmetischen
  Basiswasser und Aloewasser ein Gel
  verrühren.
* Die anderen Zutaten vorsichtig einarbeiten.

Info

*Gele wirken eher kühlend, dieses spendet
viel Feuchtigkeit und Pflege und ist im
Sommer und als Tagespflege sehr angenehm.*

AUGENCREME, KLASSISCHES REZEPT

Zutaten

» 3 ML Montanov 68
» 10 ml Jojobaöl
   (kriecht nicht in die Augen)
» 30 ml Augentrost-, Kornblumen-
   oder Efeuhydrolat (wirkt abschwellend)
» 5 Tr. Aloe 10fach oder Hauswurz (frisches
   Aloegel ist hier nicht anzuraten, die Creme
   ist sonst nach wenigen Tagen schlecht)
» 5 Tr. Bisabolol = Wirkstoff aus der Vanille
» 5 Tr. Vitamin E
» 5 Tr. Hyaluronsäure
» 5 Tr. Lipoderminkonzentrat
» 5 Tr. Rokonsal
» 2 Tr. Sanddorn-Fruchtfleisch-Öl
» 3–5 Tr. äth. Öl (Rose, Lavendel) für den
   Duft. Bei sehr empfindlichen Augen lieber
   darauf verzichten und als Duftkomponente Rosen- oder Lavendelwasser als
   Wasserphase nehmen.

Zubereitung

Wie auf Seite 41 angegeben.

INTENSIVPFLEGE ZUR AUGENSTÄRKUNG

Zutaten

» *20 ml Augentrost-Ölauszug in Jojobaöl (wenn man viel vor dem Computer sitzt)*
» *1 ML Habichtskraut-Hydrosol stärkt die Seekraft*
» *10 Tr. Hyaluronsäure*
» *5 Tr. Vitamin E*
» *3 Tr. Sanddorn-Fruchtfleisch-Öl*

Zubereitung

* Alle Zutaten miteinander vermischen, in ein Fläschchen füllen und vor Gebrauch schütteln.

Anwendung

* Sanft um die Augen einklopfen.

AUGENGEL

FÜR DEN SOMMER UND
FÜR JUNGE HAUT

Zutaten

» *Wie oben bereit stellen. Jojobaöl und Emulsan fallen weg, dafür nimmt man 0,75 g (= ¼ ML) Guarkernmehl (oder Xanthan neu) und 2,5 g Aloegel*

Zubereitung – Haltbarkeit

* Alle Zutaten zusammenschütteln.
* Das Augengel hält ca. 6 Monate.

ABSCHWELLENDE AUGENCREME

Zutaten

» *4,5 g Erdbeersamen-Öl*
» *7,5 g Wiesenschaumkraut-Öl*
» *3 g Emulsan neu*
» *25 ml Mäusedorn-Hydrolat*
» *4,5 ml Augentrost-Hydroglycerin*
» *5 Tr. Rokonsal*
» *5 Tr. Vitamin E*
» *5 Tr. Seidenprotein*
» *5 Tr. Aloe 10-fach*
» *2 Tr. äth. Rosenöl*
» *2 Tr. äth. Ho-Schoöl (Öl vom Kampferbaum)*

Zubereitung

Wie auf Seite 41 angegeben.

Anwendung

* Mäusedorn wirkt adstringierend, abschwellend und Bindehaut stärkend.

Info

Mäusedorn-Wurzeln (auch Egfeublätter) in Glycerin 4 bis 6 Wochen ansetzen, die beiden Pflanzen haben abschwellende Wirkung.

STRAFFENDE AUGENCREME

Zutaten

» *4 g Emulsan Montanov 68*
» *25 g ML Jojobaöl*
» *20 ml Augentrost-Hydrolat*
» *10 ml Hauswurz-Hydrolat*
» *10 Tr. Gurkenhydrosol*
» *5 Tr. Rotklee-Hydrosol*
» *5 Tr. Zinnkraut-Hydrosol*
» *5 Tr. Efeuhydrosol*
» *5 Tr. Liposome*
» *5 Tr. Rokonsal*
» *eventuell 3 Tr. äth. Rosenholzöl*

Zubereitung
Wie auf Seite 41 angegeben.

Anwendung
Laufend verwenden.

AUGENCREME FÜR REIFE HAUT

Zutaten

» *10 ml Jojobaöl*
» *3 g Emulsan N*
» *20 ml Augentrosthydrolat*
» *10 Tr. Hauswurzhydrosol*
» *10 Tr. Gurkenhydrosol*
» *5 Tr. Rotkleehydrosol*
» *5 Tr. Zinnkrauthydrosol*
» *3 Tr. Sanddorn-Fruchtfleischöl*
» *4 Tr. Vitamin E*
» *5 Tr. Konservierung Biokons*
» *3 Tr. äth. Lavendelöl*

Zubereitung

* Diese leichte Augencreme kann man auf Vorrat herstellen, sie ist etwa 6 Monate haltbar.
* Halten Sie sich an die Herstellungshinweise auf Seite 41.

GESICHTSPFLEGE

Reinigung ist fast alles! Immer zuerst reinigen: Ob Sie dies mit einem rückfettenden Öl machen, das jede Schminke sanft abnimmt, oder nur mit Wasser und einer rückfettenden Seife, hängt von Ihnen und Ihrer Haut ab.

Das Gesichtswasser danach ist für jeden Hauttyp und jedes Alter gut. Pflanzenhydrolate oder Blütenessig desinfizieren, verengen die Poren und lassen die Haut strahlen. Nach Reinigung und Erfrischung ist die Haut aufnahmebereit für die nachfolgende Pflege. Eine leichte oder inhaltsreiche Tagespflege ist wichtig. Was Sie nehmen, hängt vom Hautzustand, vom Alter und von den persönlichen Bedürfnissen ab. Genauso wie jeder Mensch ist auch jede Haut verschieden, man kann sie nicht über einen Kamm scheren. Eine Haut ist nicht nur „trocken" oder „fett", sie ist vor allem individuell. Pflege ist auch etwas für unsere Seele, sie zeigt unsere Wertschätzung uns selbst gegenüber. In der Nacht können wir nach einer gründlichen Reinigung alle „schwereren" Produkte auftragen.

Mein Tipp
Wechseln Sie öfter das Produkt und lassen Sie Ihre gereinigte und mit einem Blütenessig verwöhnte Haut manchmal einfach nur atmen und nach ihren natürlichen Mechanismen arbeiten. Gepflegt mit Naturkosmetik hört sie auf zu spannen und zu jucken.

Peelen Sie 1- bis 2-mal 14-tägig und gönnen Sie sich 1-mal pro Woche eine Maske. Vieles, was Sie in der Küche vorrätig haben, ist dafür geeignet. Honig, Topfen oder Heilerde liefern die Grundmasse. Zerdrückte Erdbeeren, zerkleinerte Gurken, geriebene Kartoffel oder Äpfel können die Wirkstoffe sein. Fast alles, was Sie an biologischen Zutaten verkochen, können Sie sich auch als Maske auflegen. Vom Hafer über die Eibischwurzel zum Ei und retour. So gepflegt erscheint jede Haut in jedem Alter gesund, strahlend und lebendig.

Was mir wichtig erscheint ist, dass wir bei Hautleiden, Ekzemen, Neurodermitis, Akne das meiste, was an Pflegeprodukten im Badezimmer angehäuft ist, kritisch betrachten und entsorgen. Gehen wir zurück zur Pflege wie vor 100 Jahren. Geben wir der Haut und dem Körper Zeit, sich zu erholen. Reinigen wir mit rückfettenden, natürlichen Seifen, ohne synthetische Düfte, eventuell verfeinert mit einem naturreinen ätherischen Öl. Solche Seifen lassen sich rückstandsfrei wieder abwaschen. Das trockene Gefühl nach dem Duschen oder Baden mit herkömmlichen Kosmetika hört beim Gesunden von alleine auf, wenn sich die Haut erholt hat und der Rückfettungs-Mechanismus wiederum funktioniert. Weniger ist bei überforderter Haut mehr.

Reinigung

Für die Reinigung Ihres Gesichtes – dazu gehören immer auch Hals und Dekolleté – sollten Sie sich täglich 2-mal Zeit nehmen. Lieber auf das Eincremen verzichten, NIE auf die Reinigung! Seit Jahren reinige ich mich nur mehr mit meinen eigenen nachfettenden Seifen. Wenn ich mich geschminkt habe, nehme ich das Make-up mit Öl ab. Reinigungsöl nimmt jeden Kajal und jede Wimperntusche sanft, schnell und schonend ab, es ist kein Ziehen und Zerren notwendig, die Haut trocknet nicht aus.

Die normalen, im Handel erhältlichen Seifen sind für den täglichen „Schmutz" nur beschränkt geeignet. Man muss darauf achten, dass sie rückfettende sind. Die Seifen müssen im Kaltverfahren hergestellt sein. Ich liebe aber auch zum Beispiel Glycerinseife auf Ziegenmilchbasis. Bei mir daheim gibt es weiches, klares Quellwasser, davon benutze ich reichlich. Zuerst warm, dann kalt, das regt selbst die müdeste Haut wieder an.

Alle anschließenden Rezepte sind milde Reinigungen und Pflege zugleich, sie sind einfach und schnell zubereitet. Die Inhaltsstoffe können natürlich nach Ihren persönlichen Bedürfnissen ausgetauscht werden.

sserfall der Malta, Kärnten.

sammelt die Autorin die heilkräftige Meisterwurz.

Wasserfall der Lieser: Einer der letzten naturbelassenen Gebirgsflüsse in der Ferienregion Lieser-Maltatal.

REINIGUNGSÖL
FÜR MAKE-UP

Zutaten

» *50 ml Ringelblumen-Öl*
» *40 ml Aprikosenöl*
» *10 ml Hanföl*
» *10 Tr. äth. Rosenöl*
» *10 Tr. äth. Palmarosa*

Zubereitung

* Alle Öle in ein Glasgefäß geben und gut miteinander vermengen.
* Vor Gebrauch immer wieder aufschütteln.

Anwendung

* Einige Tropfen in die Hände geben, das Gesicht damit versorgen und mit lauwarmem Wasser aufemulgieren.
* Sanft massieren und mit viel Warmwasser abnehmen.
* Jetzt Gesichtswasser auftragen. Einzelöle können nach Wunsch ausgetauscht werden.

REINIGUNGSMILCH
DER KAISERIN JOSEPHINE

Zutaten

» *¼ Tasse Aloegel*
» *(Fertigprodukt oder von der eigenen Aloe-Pflanze)*
» *2 EL Milch (Kokos-, Mandel-, Hafer- oder Kuh-, Ziege-, Schaf-, Stutenmilch)*

Zubereitung

Gel mit der Milch mischen und in ein Schraubglas füllen.

Anwendung

Bei Bedarf auftragen und lauwarm abwaschen. Die Reinigungsmilch ist im Kühlschrank einige Tage haltbar. Die Haut wird sehr weich und glatt.

Info

Wenn Ihre Haut gesund ist, genügt das an manchen Abenden, damit die Haut atmen und selbst je nach Bedarf Feuchtigkeit oder Fett produziert. Die Haut soll immer wieder dazu angeregt werden, sich selbst zu versorgen. Wenn sie richtig gepflegt wird, gesättigt mit Feuchtigkeit und Fett, spannt sie auch nicht mehr und solche Auszeiten von mechanischer Pflege tun ihr gut.

REINIGUNG FÜR EMPFINDLICHE HAUT

Zutaten
» *50 ml Rosenwasser*
» *10 ml Gurkenhydroglycerin*

Zubereitung
Zutaten in ein verschließbares Glasgefäß geben und darin verschütteln oder in einem Keramikgefäß vermischen und in eine Flasche abfüllen.

Haltbarkeit
Hält mindestens vier Monate.

REINIGUNG BEI FETTER HAUT UND GROSSEN POREN

Zutaten
» *50 ml Rosmarinhydrolat*
» *50 ml Verbenenhydrolat*
» *5 ml Frauenmantel-Extrakt*
» *5 Tr. äth. Canangaöl*
» *6 Tr. äth. Bergamotteöl*

Zubereitung - Haltbarkeit
* Zutaten in ein verschließbares Glasgefäß geben und darin verschütteln oder in einem Keramikgefäß vermischen und in eine Flasche abfüllen.
* Hält mindestens vier Monate.

REINIGUNG BEI AKNE UND FETTER HAUT

Zutaten
» *1 ML Xanthan*
» *30 g Salbeihydrolat*
» *30 g Rosmarinhydrolat*
» *30 g Kapuzinerkresse-Hydrolat*
» *8 ml Meristemextrakt (ein Hydrosol aus den Knospen mehrerer Pflanzen)*
» *1 Msp. Allantoin*
» *5 Tr. äth. Salbeiöl*

Zubereitung
* Aus dem Xanthan bereitet man ein Gel (Seite 35).
* Anschließend die Hydrolate hinzufügen und alles gründlich aufschütteln.
* Die übrigen Zutaten bei Handwärme einrühren.
* Zum Schluss das ätherische Öl zugeben.

Info
Extrakte für Akne und fette Haut kann man sich auch selbst machen, mit gleichen Teilen Salbei, Mädesüß, Ringelblume, Echinaceae und ½ Teil Kamille.

PFLEGENDE REINIGUNGSMILCH

Zutaten
» *5 ml Aprikosenöl*
» *5 ml Wildrosenöl*
» *1 ML Montanov L*
» *20 ml Lavendelwasser*
» *10 Tr. Alpha-Bisabolol*
» *5 Tr. Rokonsal*

Zubereitung
* Die Öle und Montanov in einem Glasgefäß erwärmen.
* Das Wasser im 2. Glasgefäß erwärmen.Wasserphase in die Ölphase einrühren.
* Bei Handwärme alle Wirkstoffe dazu geben.

Anwendung
2-mal täglich bei irritierter Haut.

DUFTENDE REINIGUNGSMILCH

Zutaten
» *40 ml Orangenwasser*
» *50 ml Rosenwasser*
» *1 ML Xanthan*
» *5 Tr. Hibiskushydroglycerin*
» *10 Tr. Rokonsal*
» *5 Tr. äth. Rosenöl*
» *5 Tr. äth. Orangenöl*

Zubereitung - Anwendung
* Alle Zutaten mischen und gründlich verrühren.
* Vor dem Gebrauch aufschütteln.

Info
Gute Zusätze zu Reinigungsöl, Reinigungscreme, Reinigungsmilch oder Reinigungsgel sind Aloe, Allontoin, Hyalurongel, aber auch die Auszüge aus Saponindrogen wie Birke, Rosskastanie und Efeu. Aus selbstgesammelten Pflanzen macht man einen alkoholischen Auszug. So viel in das Pflegeprodukt mischen, dass es etwa 5% der fertigen Menge ausmacht.

Wunderbarer Begleiter – Gesichtswasser

Desinfizieren, anregen, glätten, erfrischen, befeuchten, pH-Wert regulieren – all das und noch viel mehr können die duftenden Gesichtswässer oder Toner, die einer Haut so viel geben. Auf mein Gesichtswasser verzichte ich an keinem Tag! Dieser feine, kühle Frischekick macht jede Haut munter! Ein Gesichtswasser wird aus Hydrolaten, Tees, oder destilliertem Wasser hergestellt. Angereichert wird es mit Vitaminen, Hyaluronsäure, Blütenessig, Milchsäure, AHA, Hydroglycerinen und auch mit Pflanzen-Extrakten, die längere Haltbarkeit garantieren.

Für welche Wirkstoffe Sie sich auch entscheiden, ein Gesichtswasser wird sicher auch Ihr täglicher Begleiter! Nach der Reinigung, nach einem Peeling oder nach einer Maske ist das Befeuchten mit Gesichtswasser eine Pflichtübung.

Wenn im Winter die Luft in überheizten Räumen zu trocken ist oder im Sommer, bei großer Hitze, erfrischen Sie sich mit einem Gesichtswasser.

Man kann es in einer 10-ml-Sprühflasche in jeder Tasche mitnehmen. So hat man es immer zur Hand und kann sich zwischendurch immer wieder erfrischen. Den Erfolg sehen und spüren Sie sofort.

GESICHTSWASSER

FÜR EMPFINDLICHE
HAUT UND ROSACEAE

Zutaten

» 30 ml Lindenblüten-Hydrolat
» 30 ml Rosenhydrolat
» 30 ml Orangenhydrolat
» 5 ml Malvenhydroglycerin
» 10 Tr. Papayahydroglycerin
» 10 Tr. Hibiskushydroglycerin
» 10 Tr. Hyalurongel
» 1 EL Rosenessig
» Nach Wunsch insgesamt 8 Tr. äth. Öl, z. B. Rose, Geranie, Palmarosa, Kamille, Myrthe oder Schafgarbe (auch Mischungen)

Zubereitung

* Die Zutaten zusammenrühren und gut schütteln, das ist alles.
* Erst zum Schluss wird die Mischung beduftet.

Info

Das Gesichtswasser ist reich an Schleim, beruhigend, weichmachend, feuchtigkeitsspendend und kühlend. Sie können es auch in den Kühlschrank stellen. Rosenessig kann man selber machen, indem man Rosenblüten-Knospen 3 Wochen in einem guten Apfelessig ansetzt.

GESICHTSWASSER

BEI IRRITIERTER HAUT, DIE
SICH LEICHT ENTZÜNDET

Zutaten

» 30 ml Schafgarbenhydrolat
» 30 ml Ringelblumen-Hydrolat
» 30 ml Mädesüßhydrolat
» 5 ml Echinaceaextrakt
» 10 Tr. Kiwihydroglycerin (Kiwi wachsen bei mir an der Hausmauer)
» 10 Tr. Himbeerhydroglycerin
» ½ ML Allantoin (im Hydrolat auflösen)
» 1 EL Kapuzinerkresse-Essig
» Insgesamt 8 Tr. äth. Öl, zum Beispiel Kamille, Rose, Teebaum, Thymian, Majoran oder Myrthe (auch Mischungen)

Zubereitung

* Hydrolate vermengen.
* Allantoin in den Hydrolaten auflösen.
* Die weiteren Zutaten dazu rühren und alles gut schütteln.
* Zum Schluss mit dem ätherischen Öl beduften und dieses ebenfalls gut einrühren.

Info

Den Essig aus Blüten und Blättern selbst ansetzen, 3 Wochen in einem guten Apfelessig ausziehen lassen.

GESICHTSWASSER-HERSTELLUNG

in 10 *Arbeitsschritten*

01 Zutaten vorbereiten 02 Hydrolat in ein Messglas geben
03 Blütenessig zufügen »

GESICHTSWASSER-HERSTELLUNG

in 10 *Arbeitsschritten*

04 Vitamine, Hydrosole, Hyaluronsäure oder weitere Wirkstoffe eintropfen **05** Mit dem Glasstab rühren **06** Untermixen mit dem Quirl **07** Konservierung Eventuelles (Tinktur oder Rokonsal) beimengen »

GESICHTSWASSER-HERSTELLUNG

in 10 Arbeitsschritten

08 Kontrolle des Produkts **09** Abfüllen in braune Glasflaschen
10 Aufsetzen des Sprühkopfes.

GRUND-REZEPT

GESICHTSWASSER

GRUNDREZEPT

Zutaten

» *95 ml Pflanzenhydrolat, Rose, Salbei,*
   Lavendel
» *3 ml alkoholischer Pflanzenauszug,*
   je nach Hauttyp
» *2–3 EL Blütenessig*
» *10 Tr. Vitamin E*

Zubereitung

* Die Hydrolate sollten aus Pflanzen
   hergestellt sein, die aus Wildsammlungen stammen.
* Bei der Herstellung der Pflanzenauszüge ist auf die Verwendung von
   hochwertigem (biologischen) Alkohol
   zu achten.
* Auch der (selbst hergestellte) Blütenessig soll von bester Qualität sein.

GESICHTSWASSER BEI AKNE

Zutaten

» *30 ml Salbeihydrolat*
» *30 ml Hamamelishydrolat*
» *30 ml Rosmarinhydrolat*
» *5 ml Hamamelisextrakt*
» *5 ml Schlehenhydrosol*
» *2 EL Kapuzinerkresse-Essig*
» *ev. gesamt 8 Tr. äth. Öl von Salbei, Tee-*
   baum, Canange, Niaouli, Weihrauch,
   Myrthe

Zubereitung - Anwendung

Alle Zutaten gründlich verschütteln.
Laufend verbrauchen.

Info

Wirkt entzündungshemmend,
talgdrüsenregulierend, trocknend.

GESICHTSWASSER FÜR REIFE, TROCKENE HAUT

Zutaten

» *30 ml Rosenhydrolat*
» *30 ml Lavendelhydrolat*
» *30 ml Geranienhydrolat*
» *5 ml Gurkenhydroglycerin*
» *3 ml Cistrosenextrakt oder Mohnhydrosol*
   = wunderbare Farbe
» *15 Tr. Hyalurongel*
» *1 EL Rosenessig (oder Beerenessig)*

Zubereitung - Anwendung

Alle Zutaten zusammenschütteln oder
gut verrühren. Laufend verbrauchen.

Info

Regt den Zellstoffwechsel an, regeneriert,
nährt, ist feuchtigkeitsspendend und be-
sonders straffend.

GESICHTSWASSER FÜR MÜDE, FALTIGE, TROCKENE HAUT

Zutaten

- » 30 ml Lavendelhydrolat
- » 30 ml Latschenhydrolat
- » 30 ml Stiefmütterchenhydrolat
- » 5 ml Mäusedorn-Hydroglycerin
- » 3 ml Meisterwurzhydrosol
- » 10 Tr. Erdbeerhydroglycerin (hydrosol)
- » 15 Tr. Hyaluronsäure
- » 1 EL Rosenessig (Blüten- Beerenessig)
- » ev. 8 Tr. ätherische Öle: Elemi, Weihrauch, Rose, Geranie, Rosenholz, Siamholz, Ho-Scho

Zubereitung

Alle Zutaten zusammenschütteln oder gründlich verrühren.

Anwendung

Laufend verbrauchen.

Info

Belebend, nährend, ausgleichend, auch zwischendurch bei Trockenheitsgefühl und vor der Erneuerung des Make-ups.

GESICHTSWASSER FÜR MISCHHAUT UND FETTE HAUT

Zutaten

- » 30 ml Rosmarinhydrolat
- » 30 ml Teebaumhydrolat
- » 30 ml Zitronenhydrolat
- » 3 ml Mädesüß-Hydroglycerin
- » 5 ml Rosmarinextrakt
- » 1 EL Zitronenessig
- » ev. gesamt 8 Tr. der folgenden ätherischen Öle: Salbei, Rosmarin, Zitrone, Petit-Grain, Grapefruit, Myrrhe, Weihrauch, Teebaum

Zubereitung

- * Alles zusammenmischen und gut verschütteln und verrühren.
- * In dunkle Fläschchen abfüllen.

Anwendung

Laufend verbrauchen.

Info

Verengt die Poren, durchblutet die Haut.

REGENERIERENDES WASSER

Zutaten
- » *30 ml Rosenhydrolat*
- » *30 ml Lärchenhydrolat*
- » *30 ml Meisterwurz-Hydrolat*
- » *5 ml Süßholzhydroglycerin*
- » *3 ml Enzianextrakt*
- » *10 Tr. Himbeerhydroglycerin*
- » *ev. 8 Tr. ätherische Öle nach Wahl*
  oder Gemisch: Elemi, Weihrauch, Rose,
  Geranie, Rosenholz, Siamholz, Ho-Scho

Zubereitung
Alle Zutaten zusammenschütteln
oder gründlich verrühren.

Anwendung
Laufend verbrauchen.

Info
Dieses Gesichtswasser vereint die enorme
Kraft der Alpenpflanzen und stärkt die
Haut.

GESICHTSWASSER BEI FAHLER HAUT

Zutaten
- » *30 ml Bergefeuhydrolat*
- » *30 ml Latschenhydrolat*
- » *30 ml Petersilienhydrolat*
- » *5 ml Efeuhydroglycerin*
- » *3 ml Johannisbeerextrakt*
- » *15 Tr. Hyaluronsäure*
- » *1 EL Kapuzinerkresse-Essig*
- » *ev. 8 Tr. ätherische Öle nach Wahl*
  oder Gemisch: Elemi, Weihrauch, Rose,
  Geranie, Rosenholz, Siamholz, Ho-Scho

Zubereitung
Alle Zutaten zusammenschütteln
oder gründlich verrühren.

Anwendung
Laufend verbrauchen.

Info
Belebt, bringt den Stoffwechsel in
Schwung, lässt die Haut wieder glänzen.

INFO

Die Haltbarkeit der Gesichtswässer beträgt ca. 1 Jahr. Statt der Hydrolate kann man
auch starke Tees verwenden, man muss auch nicht immer alle 3 Hydrolate nehmen.
Mischen und zaubern Sie selbst nach Herzenslust und abgestimmt auf Ihre Haut
und Ihr Befinden – verlassen Sie sich dabei auf Ihr Gefühl! Wenn Tee verwendet
wird, ist die Haltbarkeitsdauer nicht so lange, eventuell mit natürlichem Konservie-
rer oder mehr Extrakt (max. 12 %) nachhelfen.

chauner Tor

Was die Haut schöner macht

Das Eincremen gehört für fast alle Frauen zur täglichen Routine. Manchmal ist es ganz gut, die Haut nach einer gründlichen und pflegenden Reinigung einfach „natur" zu belassen, sie soll „atmen" können. Das betrifft vor allem die Regenerationsphasen der Nacht und ist an manchen Tagen angebracht – keinesfalls immer.

Meist wollen wir auf die hochkonzentrierten Wirkstoffe, die Feuchtigkeitsspender und aufplusternden Vitamine nicht verzichten. Die obersten Hautschichten müssen mit guter Pflege versorgt sein, damit „frau" gut aussieht. Außerdem braucht unsere Haut in Zeiten wie diesen ausreichenden Schutz.

Wir vergessen häufig, wie aggressiv unsere Luft geworden ist. Wer lebt schon in einem Seitental des Hochgebirges mit klarer Luft und kaum Schadstoffen? Normal ist heute Autoverkehr mit jeder Menge Feinstaub und auch von oben kommt nicht immer nur Gutes. Pflege ist also immer auch Schutz gegen die Segnungen einer (unsichtbar) verdreckten Umwelt.

Der Körper ist bekleidet. Das Gesicht zeigen wir unbedeckt.

WIRKSAMES GESICHTSÖL

GRUNDREZEPT

Zutaten

» *40 g Granatapfelkernöl*
» *30 g Wildrosenöl (Hagebuttenöl)*
» *30 g Weizenkeim- oder Nachtkerzenöl*
» *20 Tr. Sanddorn-Fruchtfleischöl*
» *je 1 Tr. äth. Rosen-, Weihrauch- und*
  Cistrosenöl

Zubereitung

Zutaten in einem Becherglas gut verrühren und in eine Braunglasflasche füllen.

Anwendung

Eignet sich besonders für die Pflege reifer, trockener Haut, bei Knitterfältchen und altersbedingter Papierhaut.

GESICHTS- UND KÖRPERBUTTER

GRUNDREZEPT

Zutaten

» *50 g Sheabutter*
» *50 g Mandelöl*
» *1 Msp. Mineralfarbe*
» *10 Tr. äth. Öl*
» *7 Tr. Vitamin E für die Konservierung*

Zubereitung

Butter und Öl verrühren, dann die übrigen Zutaten zufügen.

Haltbarkeit

Die Haltbarkeit dieser Körperbutter beträgt etwa 1 Jahr.

TAGES- UND NACHTCREME,

GRUNDREZEPT

Zutaten

» *1 ML = 2,5 g*
» *4 ML Mandelöl*
» *3 ML Montanov 68*
» *2 ML Sheabutter*
» *30 ml destilliertes Wasser oder Hydrolat*
» *8 Tr. Aloegel oder Aloe 10fach*
» *10 Tr. Holunderhydrosol*
» *3 Tr. Sanddorn-Fruchtfleischöl*

» *10 Tr. Vitamine ACE*
» *10 Tr. Biokons (Konservierung)*
» *3 Tr. Rosenöl, 3 Tr. Grapefruitöl*

Zubereitung

Diese nährende und aufbauende Creme nach den allgemeinen Herstellungsvorgaben rühren (Seite 41).

Haltbarkeit

Diese Creme ist zirka 6 Monate haltbar.

GEL FÜR DEN SOMMER

GRUNDREZEPT

Zutaten

» ½ ML Xanthan
» 2 ML Aloegel
» 30 ml destilliertes Wasser
» 10 Tr. Hydrosol aus der Lieblingspflanze
» 3 Tr. Sanddorn-Fruchtfleischöl
» 5 Tr. Vitamin E
» 10 Tr. Biokons (Konservierung)

Zubereitung

Alle Zutaten zusammenrühren.

Anwendung

Es entsteht ein leichtes Gel,
das angenehm zu verwenden ist
und schnell in die Haut einzieht.

LUXUSCREME

GRUNDREZEPT

Zutaten

» 1 ML = 25 g
» 3 ML Montanov (Emulgator)
» 4 ML Jojoba
» 1 ML Brokkolisamenöl
» 3 ML Traubenkernöl
» 2 ML Squalan (aus Oliven)
» 30 ml Holunderhydrolat
» 10 Tr. Hyalurongel
» 10 Tr. Hauswurzhydrosol
» 4 Tr. äth. Rosenöl oder Ho-Scho
   (Öl vom Kampferbaum)
» 10 Tr. Biokons

Zubereitung

Fett- und Wasserphasen zusammenrühren wie im Herstellungsteil beschrieben (Seite 41).

Haltbarkeit

Diese Creme ist etwa 6 Monate haltbar.

INFO

Hydrosole (Hydroglycerine) beinhalten Pflanzeninhaltsstoffe von Kräutern, Blüten, Strauch- bzw. Baumteilen (vor allem die Knospen), die in pflanzlichem Glycerin ausgezogen wurden. Man kann dies selbst durchführen und besorgt sich dazu das passende pflanzliche Glycerin aus der Apotheke oder einem Kosmetikversand. Allerdings gibt es die meisten Pflanzen bereits fertig ausgezogen im Kosmetikhandel. Auf beste Bio-Qualität achten!

EDELWEISSCREME

NATÜRLICHER SONNENSCHUTZ

Zutaten

» *15 g Sesamöl*
» *5 g Montanov 68*
» *30 ml Edelweißhydrolat*
» *15 g Aloegel*
» *30 Tr. Edelweißhydrosol*
» *30 Tr. Gurkenhydrosol*
» *6 Tr. Vitamin E*
» *10 Tr. Konservierung Biokons*
» *3 Tr. äth. Palmarosaöl*
» *2 Tr. äth. Geranienöl*

Zubereitung

Fettphase und Wasserphase nach Anleitung zusammenmischen (Seite 41).

Anwendung

Diese Creme eignet sich als Tagespflege und bietet einen leichten Sonnenschutz. Sie ist aber gleichzeitig auch eine Pflegecreme.

Haltbarkeit

Die Creme ist etwa
6 Monate haltbar.

HOCHAKTIVES FEUCHTIGKEITSGEL

Zutaten

» *1 Msp. Hyaluronsäurepulver*
» *20 ml destilliertes Wasser*
» *15 Tr. Squalan*
» *8 Tr. ACE*
» *8 Tr. Parakressehydrosol*
» *8 Tr. Fibrostimulin*
» *8 Tr. Aloe 10fach*
» *8 Tr. Malvenhydrosol*
» *8 Tr. Gurken-Hydrosol*
» *8 Tr. Hauswurz-Hydrosol*
» *3 Tr. Sanddorn-Fruchtfleischöl*
» *5 Tr. Biokons*
» *je 2 Tr. äth. Rosenöl, Ho-Scho und Weihrauch*

Zubereitung

*   Hyaluronpulver anfeuchten, restliches destilliertes Wasser dazu und 20 Minuten quellen lassen.
*   Aufquirlen und die restlichen Zutaten gründlich darunter rühren.

Dieses Gel gehört zu meinen Lieblingen. Ich bereite es mir immer wieder zu.

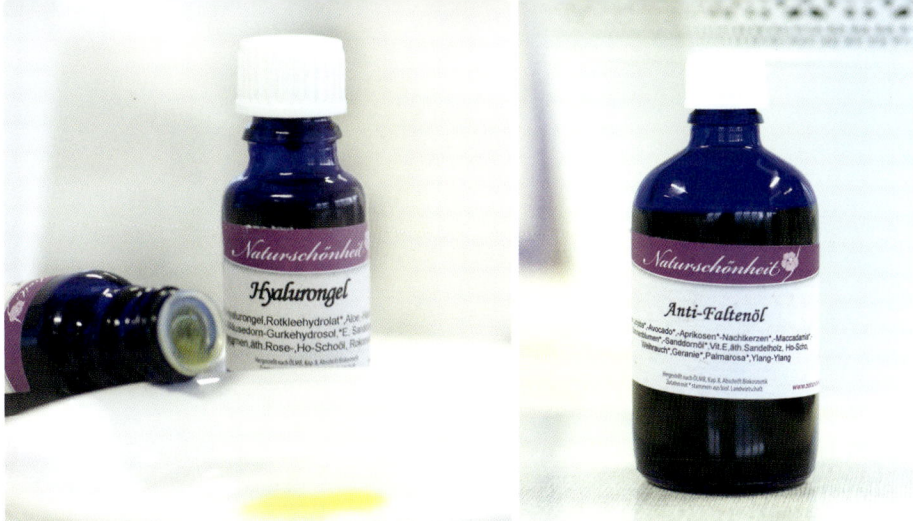

Verschiedene Pflegeöle

Pflegeöle haben in der Hautpflege mehrere Aufgaben und sind vielfältig einsetzbar. Immer dann, wenn zum Beispiel Gele oder Cremes nicht verfügbar sind, behilft man sich mit einem Pflegeöl. Man kann sie aber auch für die gründliche Reinigung, für ein Peeling, als Antifalten-Produkt, zur Halspflege und bei Altersflecken einsetzen.

Pflegeöle sind meist ein natürlicher Sonnenschutz für alle Hauttypen und bieten gleichzeitig After-sun-Eigenschaften.

Bei Cellulite oder Schwangerschaftsstreifen sind bestimmte Öle unverzichtbar.

GRUND-REZEPT

PFLEGEÖL, GRUNDREZEPT

Zutaten
» *4 verschiedene biozertifizierte Öle, insgesamt 100 ml*
» *7 Tr. Vitamin E*
» *10 Tr. äth. Öl nach Wunsch*

Zubereitung – Anwendung
Öle und Wirkstoffe verrühren und gründlich schütteln. Laufend verbrauchen.

LIPPENPFLEGE

Die Haut der Lippen ist sehr dünn, sie hat weder Talg- noch Schweißdrüsen. Lippen haben zusammen mit der Augenpartie viel Ausstrahlung
und ihrer Pflege sollte besondere Aufmerksamkeit zukommen. Am besten
sind pflanzliche Inhaltsstoffe, denn im Gegensatz zu den herkömmlichen
Paraffinölen und Erdölprodukten gibt es hier keinen Gewöhnungseffekt.

Sanftes Peelen und etwas Gymnastik bekommen den Lippen gut. Die besten Mittel sind küssen und viel lachen!

Lippenpflege kann durchaus Farbe haben
und es ist selbstverständlich, dass der
Geschmack stimmen muss. Die Farben
können von Himbeeren, Erdbeeren oder
Roter Rübe (Roter Bete) stammen, der
feine Geschmack von Früchten wie z. B.
Vanilleschoten.

GUTE PFLEGE FÜR RISSIGE LIPPEN

Zutaten
» *4 ML Rizinusöl*
» *1 ML reines Glycerin*
» *1 Msp. Zinkoxyd*
» *2 ML Hagebuttenöl*
» *2 ML Arganöl*
» *2 ML Hyalurongel*
» *2–3 Tr. ätherische Öle aus der
   Krausen Minze (plustert) oder Neroli*

Zubereitung – Anwendung
Vermischen und auftragen

EINFACHES
LIPPEN-PEELING

Zutaten
» *1 TL Zucker*
» *1 TL Honig*

Zubereitung
Zucker und Honig mischen.

Anwendung
Mit der Paste die Lippen einstreichen, etwas einwirken lassen und sanft abrubbeln. Die Haut der Lippen nie zerren. Sie wird samtweich.

LIPPEN-PEELING

Zutaten
» *5 ml Nerolihydrolat*
» *1 ML Emulsan neu erwärmen*
» *5 ml Avocadoöl erwärmen*
» *20 ml Aloegel*
» *2 ML Jojobaperlen*
» *1 ML Zucker*
» *4 Tr. Neroliöl*

Zubereitung
* Wie Creme zubereiten (Seite 41).
* Wirkstoffe einrühren.

Anwendung
Die Lippen einstreichen, etwas einwirken lassen und sanft abrubbeln. Restliches Peeling in eine kleine Dose geben und fürs nächste Mal aufbewahren.

Haltbarkeit
Es hält an einem kühlen Ort 3 Monate.

GRUND-REZEPT

LIPPENPFLEGESTIFT

GRUNDREZEPT

Zutaten

- » *15 g Jojobaöl*
- » *4 g Bienenwachs*
- » *2 g Candelillawachs*
- » *2 g Sheabutter*
- » *5 Tr. Rizinusöl*
- » *6 Tr. Vitamin E*
- » *1 Msp. des eigenen Lippenstifts oder Hydrosol aus Roter Bete oder Mohn*
- » *2 Tr. Aroma*
- » *Wenn Sonnenschutz gewünscht ist: ½ ML (=1,25 g) SoFiTix HT*

Zubereitung

* Alle Zutaten (auch etwaigen Sonnenschutz) zusammen im Wasserbad schmelzen lassen und gut verrühren.

* Als Farbe kann man ein wenig vom eigenen Lippenstift mitschmelzen, es ist aber auch Mineralfarbe möglich oder man lässt den Farbteil überhaupt weg und belässt die Lippenpflege natur.

* Anschließend die Aromen einrühren (können auch weggelassen werden).

* Ganz zum Schluss kommt Vitamin E dazu und wird ebenfalls untergerührt.

* Die noch flüssige Masse in Pflegestift-Hüllen einfüllen.

Tipp 1

Wenn man häufig rissige oder offene Lippen hat, sollten 10 Tropfen Echinaceatinktur oder Ringelblumentinktur eingearbeitet werden, oder/und 10 Tropfen Alpha-Bisabolol und 5 Tropfen Zinkpulver oder Kieselerde.

Tipp 2

Pflegestift-Hüllen kann man im Kosmetikbedarf kaufen. Sie sind, wenn sie gründlich ausgewaschen werden, immer wieder verwendbar.

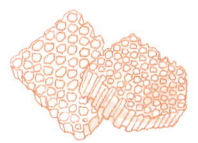

LIPPENBALSAM

Zutaten
» *2 ML Sesamöl*
» *1 ML Bienenwachs*
» *1 ML Sheabutter*
» *5–10 Tr. Hibiskushydrosol*
» *4 Tr. Rizinusöl*
» *4 Tr. Vitamin E*
» *2 Tr. Aroma aus Vanille, Himbeere, Erdbeere oder Grapefruit*

Zubereitung
* Wachs, Butter und Sesamöl im Wasserbad schmelzen und gut verrühren.
* Abkühlen lassen und erst bei Handwärme die Wirkstoffe einarbeiten.

Haltbarkeit
Haltbarkeit zirka 2 Monate.

Info
Das Hibiskushydrosol gibt eine schöne, rote Farbe. Wer den Lippenbalsam lieber farblos haben will, nimmt stattdessen pflanzliches Glycerin.

LIPPGLOSS

Zutaten
» *15 g Granatapfelkern-Öl*
» *3 g Sheabutter*
» *3 g Rizinusöl*
» *5 Tr. Erdbeerhydroglycerin oder ein anderes Aroma*
» *für die Farbe: Lippenstiftrest oder etwas Erdbeer-, Himbeer-, Hibiskus- oder Heidelbeerhydrosol oder etwas Mineralfarbe*
» *5 Tr. Vitamin E*

Zubereitung
* Die Fettphase (inkl. fetthaltigem Lippenstiftrest) im Wasserbad schmelzen.
* Aroma und Vitamin E oder Hydrosole für die Farbe – wenn kein Lippenstiftrest verwendet wurde – gründlich einrühren.
* Noch flüssig in fertige Pflegestifte einfüllen oder in kleinen Cremedosen aufbewahren.

LIPPENKONTURENPLUSTER

Zutaten

» *3 g Maccadamianussöl*
» *1 g Emulsan*
» *4 g Lindenblütenhydrosol*
» *4 g Mineralwasser*
» *1 Msp. Lakritzenpulver*
» *1 Msp. Hyaluronpulver*
» *3 Tr. Rokonsal*
» *3 Tr. äth. Rosenöl*

Zubereitung

* Öl mit Emulsan im Wasserbad schmelzen und verrühren.
* Hyaluronpulver in Wasser auflösen.
* Mineralwasser in einem 2. Glas erwärmen.
* Wenn Wasser- und Fettphase dieselbe Temperatur haben, Wasser- in die Fettphase geben und gut vermengen.
* Hyaluronmischung und alle weiteren Zutaten dazu mischen und aufquirlen.
* In kleine Dosen füllen.

Anwendung

Lippen und Lippenrand immer wieder damit massieren.

FIEBERBLASENEX IM ROLL-ON

Zutaten

» *9 ml Ringelblumenöl*
» *3 Tr. äth. Lavendelöl*
» *3 Tr. Teebaumöl*
» *10 Tr. Braunwurzhydrosol*
» *5 Tr. Melissenhydrosol*

Zubereitung

Alle Zutaten in einen vorbereiteten 10-ml-Roll-on mischen. Rollstifte erhält man als Rohlinge im Kosmetikbedarf.

Anwendung

Immer dann auftragen, wenn man spürt, dass eine Fieberblase aufzieht. Bei bereits bestehenden Blasen diese immer feucht halten.

PEELING

Bei einem klassischen Peeling wird die oberste Hautschicht, die zumeist aus abgestorbenen oder verhornten Hautzellen besteht, abgetragen.

Japanerinnen machen es sich leicht, sie verwenden für ihr (meist tägliches) Peeling Reismehl. Ich empfehle für normale Haut 1-mal pro Woche ein sanftes Peeling.

Die Haut ist danach samtweich und sehr glatt. Sie nimmt die anschließende Pflege besser auf, Durchblutung und Zellstoffwechsel werden angeregt und unsere Haut strahlt, sie lebt wieder auf.

Ein Peeling wird immer auf die feuchte Haut aufgetragen. Danach lässt man die jeweilige Masse einige Minuten einwirken und massiert anschließend sanft. Besonders im Gesicht bedeutet das: niemals kneten oder zerren. Der Körper verträgt es ein wenig rauer, hier darf weniger sanft massiert werden. Anschließend mit lauwarmem Wasser abnehmen.

Peelingcremes oder -masken, die es im Handel gibt, sind teuer. Man braucht sie 1-mal pro Woche, manchmal sogar häufiger, deshalb lohnt es sich, Peelings selbst herzustellen. Sie haben den besten Effekt und sind eine Wohltat für Gesicht und Körper.

EINFACHES PEELING
FÜR GESICHT UND HALS

Zutaten
» 50 g Aloegel
» 4 Tr. äth. Lavendelöl
» 3 g Litsea Cubebaöl
» 10 g Peelinggranulat: je empfindlicher die
   Haut ist, desto feiner muss das Granulat
   sein.

Zubereitung
Alle Zutaten zusammenmischen.

Anwendung
Sorgfältig auf das Gesicht auftragen, dabei die Augenpartie aussparen. Nach der
Einwirkzeit und Massage mit viel Wasser
abnehmen.

Mein Tipp
*Hier im Rezept verwende ich Aloegel, das
ich aus meiner eigenen Pflanze gewinne.
Gele kann man sich aber aus Gelbildnern,
z. B. Xanthan oder Guarkernmehl, selbst
herstellen. Dazu 1 Messlöffel (= 2,5 g)
Pulver in einen trockenen Schüttelbecher
oder in ein verschließbares Glasgefäß geben und mit 50 ml Hydrolat oder wenig
destilliertem Wasser anfeuchten.*

*Erst dann mit zirka 50 ml destilliertem
Wasser auffüllen. Jetzt so lange schütteln,
bis festes Gel entstanden ist. In dieses Gel
können Peelinggranulate und Wirkstoffe
eingearbeitet werden.*

PEELINGGEL

Zutaten
» 25 ml destilliertes Wasser
» ½ ML Xanthan
» 4 g Pulver der Hagebutte
» 1 ML Hagebuttenhydrosol
» 4 Tr. Rokonsal
» ev. 3 Tr. äth. Lavendelöl

Zubereitung
Siehe Gele selbst herstellen: Seite 35

Info
*Dieses Gel ist auch intensive Pflege durch
die Fruchtsäuren und Vitamine der Hagebutte*

Peelinggranulate

Als Peelinggranulat kann man verschiedene fein gemahlene Mehle nehmen. Ich habe schon fast alles ausprobiert und die besten Erfahrungen damit gemacht.

Seit Jahrhunderten bekannt ist ein Mandelpeeling, das aus feinst gemahlenen Mandeln besteht. Aber auch andere Mehle wirken gut auf die Haut.

Hafermehl bekommt man entweder fertig im Handel oder man macht es sich im Mixer aus Bio-Haferflocken selbst.

Weintraubenmehl wird aus Weintraubenkernen gemacht. Es ist natürlich teuer, verwöhnt die Haut aber mit vielen Antioxidantien.

Bei empfindlicher Haut wird man auf die besonders feinen Granulate aus Rosensamen, Erdbeersamen, Walnuss-, Oliven-, und Mandelkernen zurückgreifen. Fein gemahlenen Mehle aus weiteren Kernen und Nüssen sind ebenfalls möglich. Bei manchen Nüssen muss natürlich darauf geachtet werden, dass man nicht gerade auf sie allergisch reagiert.

Jojobaperlen ergeben sanfte Peelings für das Gesicht.

Zu den besten Körperpeelings gehören solche mit Salz oder Zucker. Hier muss darauf geachtet werden, dass die Kristalle nicht zu scharfe Kanten haben. Vor dem Gebrauch also immer im Mörser zerstoßen oder mahlen.

PEELING

FÜR EMPFINDLICHE HAUT (ROSACEA, AKNE) UND AUCH BEI GROSSEN POREN

Zutaten
» *3 EL Aloegel*
» *1 TL ganz feines Ananasmehl*
» *1 ML Mäusedornhydrosol (oder Hydrosol aus Walnuss, bzw. Steinklee)*
» *bei Akne: 1 TL weiße Heilerde*

Zubereitung
Gel und Mehl vermischen.

Anwendung
Bei großen Poren könnten Peelingkörner in den Poren liegen bleiben, deshalb mit viel Wasser nachspülen.

Info
Die Enzyme der Ananas wirken tief in die Haut.

CELLULITEPEELING

Zutaten

» *1 Tasse Kaffeesatz*
» *Efeuöl*
» *je 5 Tr. ätherische Öle der Zypresse,*
  Pfefferminze und Grapefruit

Zubereitung

* Aus Kaffeesatz und Efeuöl einen
  dicken Brei anrühren.
* Die ätherischen Öle beifügen.

Anwendung

* In der Dusche auf die feuchte Haut
  auftragen und fest einmassieren.
* Mindestens 5 Minuten einwirken
  lassen.
* Danach abduschen und die Haut wie
  gewohnt pflegen.

Mein Tipp

Ein Cellulitepeeling kann man auch
mit Salz als Basis machen, wichtig ist
das entschlackende, entgiftende Efeuöl.

KÖRPERPEELING

Zutaten

» *40 g Sheabutter*
» *10 g Kakaobutter*
» *25 g Algenöl*
» *25 g Aloeöl*
» *50–100 g Natursalz oder 50 g Peeling-*
  granulat (z. B. aus Olivenkernen oder
  Mandeln)
» *10 Tr. äth. Grapefruitöl*
  oder Fichtenöl

Zubereitung

* Butter im Wasserbad schmelzen und
  die Öle dazu geben.
* Bevor die Masse wieder fest wird,
  gemahlenes Natursalz oder Peelinggranulat daruntermischen und mit
  dem ätherischen Öl beduften.
* Dieses Peeling könnte man auf Vorrat
  und auch in größerer Menge herstellen. Es hat den Vorteil, dass man
  gleichzeitig eingecremt und gepflegt
  ist.

Haltbarkeit

Es hält mindestens 1 Jahr.

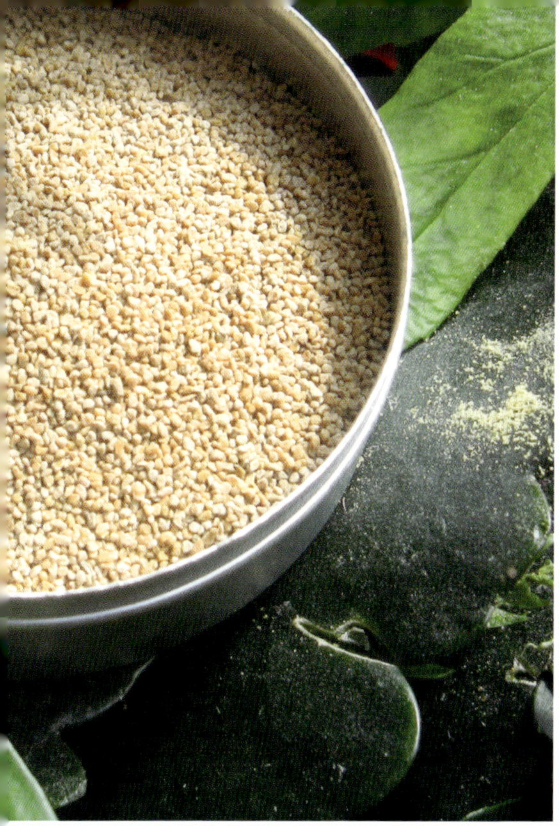
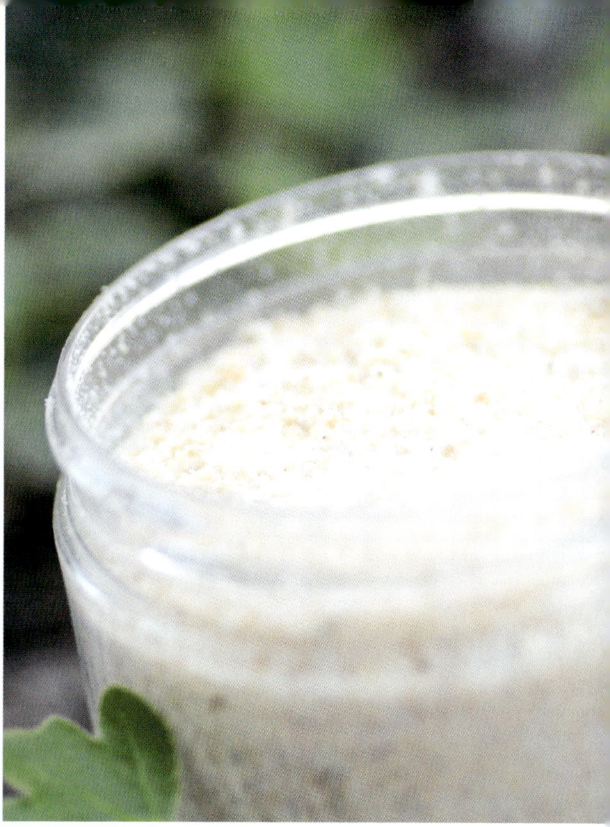
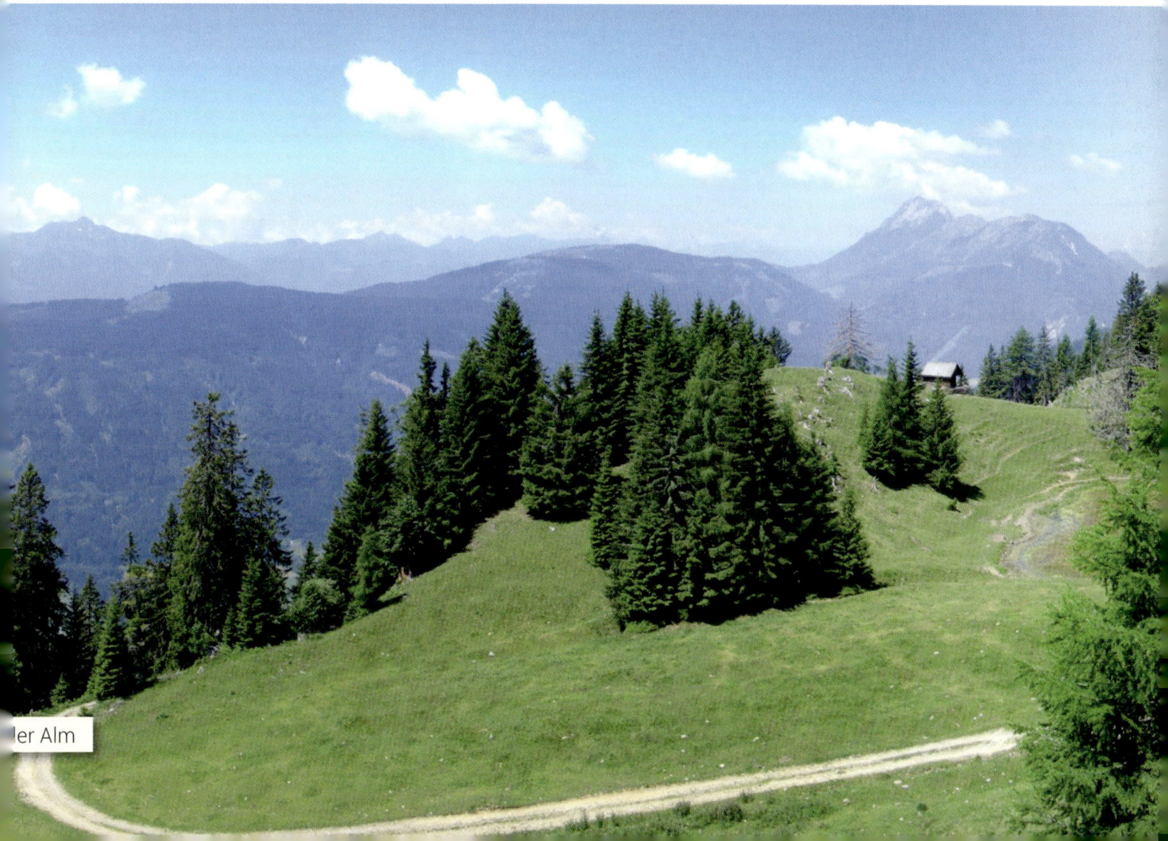
ler Alm

KRÄUTERSTEMPEL

Bei einem Kräuterstempel und der Behandlung damit handelt es sich um eine Form der Körperpflege, die schon seit Jahrtausenden im asiatischen Raum, aber auch bei Indianern in Süd- und Nordamerika bekannt ist.

Die Anwendung ist etwas, das man am besten in der Gruppe oder mit einer lieben Freundin macht. Die Entspannung – auch sie gehört zu einer guten Heilbehandlung - ist einfach größer, wenn man nicht selbst Hand an sich legen muss, sondern einfach nur genießen darf. Aber natürlich ist auch die Selbstanwendung möglich und hat tiefgreifende Wirkung.

DIE HERSTELLUNG EINES KRÄUTERSTEMPELS IST DENKBAR EINFACH:

* Man benötigt dazu getrocknete Kräuter und 1 Stück Tuch aus Baumwolle oder Seide. Die Tücher im Format 20 x 20 cm (oder etwas kleiner oder größer) zuschneiden und auf einem Tisch auflegen.

* Jedes Tuch mit 1 bis 2 EL Kräutern füllen. Die Tüchlein am oberen Rand straff wickeln und zusammendrehen und mit einem Faden zubinden, sodass kleine Päckchen entstehen, die man oben gut angreifen kann. Wasser auf dem Herd zum Kochen bringen.

* Die Kräuterstempel in ein Sieb geben und über das dampfende Wasser hängen. Die Kräuterpäckchen dürfen nicht nass werden. Der Dampf soll sie aber erhitzen. Das dauert etwa 10 bis 15 Minuten. Durch den Dampf entfalten die Kräuter Düfte und geben ihre Wirkstoffe ab.

WAS MAN MIT DEM HEISSEN KRÄUTERSTEMPEL MACHT

Die erwärmten Kräuterstempel sollten anfangs eine Temperatur von etwa 65 Grad haben.

Damit wird über Gesicht und/oder Körper gefahren. Anfangs nicht direkt auf der Haut, sondern mit ein wenig Abstand, denn der Kräuterstempel ist ja vom Dampf sehr heiß.

Die Haut spürt diesen Hitzereiz trotzdem und reagiert sofort. Unsere äußere Hülle signalisiert dem Gehirn: zu heiß, ich verbrenne! Das Immunsystem antwortet mit der Neubildung von Hautzellen. So funktioniert unser Organismus, dieses Wunderwerk, das sich immer wieder regeneriert.

Wenn der Kräuterstempel etwas kühler und für die Haut erträglich geworden ist, streicht man direkt über Gesicht und/oder Körper und massiert sanft.

Macht man diese Anwendung bei sich selbst, so orientiere man sich nach den üblichen kreisenden und streichenden Bewegungen, die man auch während eines Eincremens vornimmt. Man kann auch ein wenig drücken und einen Punkt nach dem anderen kreisförmig massieren, das geht sicher am einfachsten.

Hat man jemanden, der einem diese Wohltat zuteil werden lässt, kann man sich gleichzeitig wunderbar entspannen und die Kräuterdüfte tief einatmen. Die Wirkstoffe der Kräuter dringen in die Haut ein und stimulieren sie. Wärme und Wirkstoffe fördern die Entschlackung und Durchblutung der zarten Gesichtshaut, des Halses und des Dekolletes. Auch Schultern und Nacken sollten einbezogen werden. Die Fähigkeit der Haut, Feuchtigkeit zu speichern, wird verbessert.

Walkbewegungen am Nacken bewirken, dass sich Verspannungen, die sich hier ja oft befinden, spontan lösen.

Macht man eine Körpermassage, so orientiere man sich an den Muskeln, den Meridianen und an den Lymphbahnen. Hier entlang streichen und kräftig drücken oder sanft massieren, immer mit einem oder mehreren Kräuterstempeln.

Wer sich einmal einen Kräuterstempel gemacht hat, wird auf diese Form der Gesichts- und Körperpflege nicht mehr verzichten wollen. Bevorzugt jene Kräuter verwenden, zu denen man die größte Affinität (Wesensverwandtschaft) oder Zuneigung empfindet.

KRÄUTERMISCHUNG FÜR PFLEGE UND REGENERATION

Zutaten

» *1 EL Kamille*
» *1 EL Lavendel*
» *1 EL Melisse*
» *1 EL Arnikablüten*
» *1 EL Rosenblüten*

Zubereitung

Aus dieser Mischung 2 Stempel herstellen.

KRÄUTERMISCHUNG ZUM ENTSCHLACKEN

Zutaten

» *1 EL Zinnkraut*
» *2 EL Brennnessel*
» *1 EL Hamamelis*
   (als Ersatz frische Haselnussblätter)
» *1 EL Birke*

Zubereitung

Aus dieser Mischung 2 Stempel herstellen.

KRÄUTERMISCHUNG ALS ENTZÜNDUNGSHEMMER

BEI UNREINER HAUT

Zutaten

» *1 EL Arnikablüten*
» *1 EL Salbei*
» *1 EL Thymian*
» *1 EL Hamamelis*
» *1 EL Melisse*

Zubereitung

Aus dieser Mischung 2 Stempel herstellen.

Mein Tipp

Nur Biokräuter verarbeiten. Die Tücher sollten zu 100 % aus Naturfasern bestehen, entweder aus feiner, bereits mehrmals gewaschener Baumwolle (für den Körper) oder aus reiner Seide (für das Gesicht). Waschen und bügeln sollte man die Tücher, weil normale Baumwolle (auch Seide) meist mit ziemlich vielen Schadstoffen angereichert ist. Diese bringt man nur durch mehrfaches Waschen aus dem Gewebe. Gebügelt wird, damit alles schön keimfrei ist.

MASKEN

Muntermacher für jede Lebenslage

Masken sind die ältesten Gesichtsbehandlungen der Welt. Aus den alten Kulturen der Phönizier, der Ägypter, der Griechen und Römer – aus allen Erdteilen der Welt – sind seit alters her Mittel überliefert, die sich Menschen auf das Gesicht auftrugen. Das Ziel war früher und heute das gleiche: Schön sein!

Eine Maske entfernt tote Hautzellen, öffnet die Poren und, je nach Zutaten, versorgt die Haut mit Nährstoffen. Niemand muss täglich eine Maske auftragen, um gepflegt zu wirken. Aber zumindest 1- bis 2-mal pro Woche sollte intensive Gesichtspflege auf dem Programm stehen. Dazu gehören auch immer ein Peeling und Masken. Alle Kosmetikinstitute machen es uns vor.

Bei den Masken sind Ihrer Phantasie keine Grenzen gesetzt, sie müssen nur auf die aktuellen Bedürfnisse der Haut achten. Unsere Haut ist nicht immer müde, trocken, fett oder schlaff. An manchen Tagen ist sie ganz anders, deshalb sollte man die Pflege anpassen und wechseln. Nicht nur die Jahreszeit spielt eine Rolle, auch unsere seelische Verfassung oder die gerade aktuellen Umwelteinflüsse. Und – Hand aufs Herz – manchmal haben wir einfach Lust, unserer Haut etwas besonders Gutes zu tun.

MASKE BEI AKNE
UND FETTER HAUT

Zutaten

» *1 EL grüne Heilerde*
» *1 EL weiße Heilerde*
» *1 EL Haselnussöl (oder Chiasamen-Öl)*
» *ca. 1 EL Mahonienhydrolat (nach Bedarf)*
» *1 TL Spitzwegerichpulver*
» *2 Tr. äth. Salbeiöl*
» *2 Tr. äth. Lemonöl*
» *2 Tr. Kamillenöl*

Zubereitung – Anwendung

* Alle Zutaten vermengen, es soll eine streichfähige Masse entstehen, die leicht auf das Gesicht aufgetragen werden kann.
* Nach etwa 30 Minuten mit viel lauwarmem Wasser abnehmen und die Haut atmen lassen.

MASKE FÜR FETTE
HAUT ODER MISCHHAUT

Zutaten

» *1 EL Haselnussöl*
» *1 EL Jojobaöl*
» *1 EL grüne Tonerde*
» *½ Packung Bio-Hefe*
» *3 Tr. äth. Imortelleöl*
» *2 Tr. äth. Petit-Grainöl*

Zubereitung – Anwendung

* Alle Zutaten vermengen, es soll eine streichfähige Masse entstehen, die leicht auf das Gesicht aufgetragen werden kann.
* Nach etwa 30 Minuten mit viel lauwarmem Wasser abnehmen und die Haut atmen lassen.

TIPPS

Tipps

Heilerde ist eine Basis für viele Masken. Man kann sie mit Fruchtsäften, Gemüse-säften, zerquetschten Früchten, Eiern, Milch oder Sahne vermengen und hat dann immer ein gutes Hautpflegemittel. Als Basis kann man aber auch Süßholzwurzel-pulver nehmen. Es ist antiallergisch und ein großer Radikalenfänger.

Grüne oder lila Heilerde wirken reinigend und entzündungshemmend, auch diese Heilerden sollten für die Haut Verwendung finden, besonders, wenn sie zu Unreinheiten neigt.

MASKE FÜR MISCHHAUT

Zutaten

» *2 EL Topfen (Quark) oder Heilerde*
» *2 TL Himbeerpüree*
  oder 1 TL Himbeerpulver
» *2 Tr. äth. Sandelholzöl*
» *2 Tr. äth. Geranienöl*
» *Aloesaft nach Bedarf*

Zubereitung - Anwendung

* Alle Zutaten vermengen. Aloesaft nimmt man dann, wenn das Rezept Heilerde enthält. Bei Topfen ist ausreichend Feuchtigkeit vorhanden.
* Auftragen und bis zu 30 Minuten einwirken lassen. Anschließend mit viel lauwarmem Wasser abnehmen. Die Haut atmen lassen.

MASKE FÜR FETTE, UNREINE ODER GROSSPORIGE HAUT

Zutaten

* 1 EL Weiße Heilerde
* etwas starker Salbeitee
* 1 TL Pulver aus getrocknetem Kraut (Schafgarbe, Lavendel, Bartflechte, Zinnkraut, Rosmarin, Ringelblume, Gerbstoffdrogen wie Eichenrinde, Blutwurz, Hamamelis)

Zubereitung - Anwendung

* Heilerde mit so viel Salbeitee mischen, dass eine homogene Paste entsteht.
* Einzelkraut-Pulver oder eine Mischung aus mehreren Kräutern darunter geben.
* Die Maske auf das gereinigte Gesicht auftragen und 15 bis 30 Minuten einwirken lassen. Mit lauwarmem Salbeitee abnehmen und die Haut anschließend nicht eincremen, sondern atmen lassen.

Fette Zonen können Sie bei der täglichen Pflege immer mit Hamameliswasser reinigen. Aknehaut müsste öfters am Tag gereinigt, desinfiziert und beruhigt werden.

Außer Topfen (Quark) nehme ich auch gerne weiße oder rosa Heilerde (mit Kräutertee angerührt!), Joghurt, Sahne, Kartoffelsaft oder reines Aloegel.

Außer Weizenkeimöl sind auch Leinöl, Olivenöl oder Mohnöl Labsal für trockene Haut.

MASKE FÜR REIFE, ZU FALTEN NEIGENDE HAUT

Zutaten

» *1 TL Honig*
» *1 EL Granatapfel-Kernöl*
» *1 TL Kräuterpulver (Rotklee, Jiagulan, Traubensilberkerze, Centella = Asiatischer Wassernabel, Meisterwurz)*
» *1 EL Aloegel*
» *etwas Glycerin*
» *einige Tr. Rotkleehydrolat*

Zubereitung - Anwendung

* Den Honig mit Öl und Kräuterpulver verrühren. Aloegel hinzufügen.
* Glycerin mit Hydrolat verrühren und ebenfalls beifügen. Vermischen, bis eine homogene Paste entsteht.
* Auf das gereinigte Gesicht auftragen und 15 bis 30 Minuten darauf belassen. Anschließend mit viel Wasser abnehmen. Die Haut atmen lassen.

FRISCHEKICK-MASKE

Zutaten

» *2 EL Topfen (Quark)*
» *1 TL Vitamin C oder Saft ½ Bio-Zitrone*
» *5 Tr. AHA-Säure*

Zubereitung - Anwendung

* Alle Zutaten mischen.
* Auftragen und 15 bis 20 Minuten einwirken lassen. Mit viel lauwarmem Wasser abwaschen.

Mein Tipp

Als Basis nehme ich bei Falten rote, grüne, weiße oder lila Heilerde (mit Kräutertee angerührt), Topfen (Quark) Yoghurt oder Sahne. Granatapfel-Kernöl ist als Falten-killer sehr beliebt, es sind aber auch andere Öle wirksam, so zum Beispiel Avocadoöl, Arganöl, Maccadamiaöl, Weizenkeimöl, Mandelöl, Erdbeersamenöl, Holundersamenöl, Baobaböl oder Traubenkern-Öl. Zur Abwechslung anstatt Rotklee- Stiefmütterchen- oder Brennnesselhydrolat verwenden.

MASKE FÜR TROCKENE UND EMPFINDLICHE HAUT

Zutaten
- » *1 EL Topfen (Quark)*
- » *1 TL Weizenkeimöl, Hirsesamenöl*
- » *1 TL Kräuterpulver (Malve, Stiefmütterchen, Beinwell, Quitte, Rotalgen, Eibisch, Süßholz, Augentrost)*

Zubereitung - Anwendung
- * Den Topfen mit Öl und Kräuterpulver verrühren.
- * Auf das gereinigte Gesicht auftragen und 15 bis 30 Minuten darauf belassen. Mit viel Wasser abnehmen.

REGENERIERENDE, STRAFFENDE MASKE

Zutaten
- » *1 EL Borretschöl*
- » *1 EL Hafermehl oder Mandelmehl*
- » *1 EL Jojobaöl*
- » *1 EL Honig*
- » *4 Tr. äth. Karottensamenöl*
- » *2 Tr. Elemiöl*
- » *4 Tr. Vitamin E*

Zubereitung - Anwendung
- * Alle Zutaten vermischen.
- * Die Maske aufs gereinigte Gesicht auftragen. Nach 15 bis 25 Minuten mit lauwarmem Wasser abnehmen.

MASKE BEI ROSACEA UND ERWEITERTEN ÄDERCHEN

Zutaten
- » *2 EL weiße oder gelbe Heilerde*
- » *1 EL frisches Ananasmus oder -saft*
- » *etwas Aloesaft von der eigenen Pflanze*
- » *1 EL Mäusedornhydrosol*

Zubereitung - Anwendung
- * Aus einer frischen Ananas im Mixer etwas feines Mus bereiten und mit den übrigen Zutaten vermengen.
- * Großzügig auf Wangen und andere betroffene Stellen auftragen. Nach 15 bis 30 Minuten mit viel lauwarmem Wasser abnehmen.

Mein Tipp
Diese Maske wirkt bei Rosacea auch wie ein Peeling und kann auch mit der enzymreichen Papaya zubereitet werden.

MASKE FÜR
MÜDE, FAHLE HAUT

Zutaten
» *2 EL rosa Heilerde*
» *1 TL Meisterwurzhydrosol*
» *8 Tr. AHA-Säure*

Zubereitung - Anwendung
* Meisterwurz und Heilerde mischen, dabei die AHA-Säure einarbeiten. Sie kann durch 1 EL biologischen Apfelessig ersetzt werden.
* Auf die gereinigte Haut auftragen und 30 Minuten ruhen. Danach mit reichlich lauwarmem Wasser abwaschen.

Info
Dieses Rezept fördert die Elastinproduktion und macht einen feinen, rosigen Teint.

MASKE FÜR HAUT,
DIE ALLES ÜBEL NIMMT

Zutaten
» *1 EL gelbe oder weiße Heilerde*
» *1 TL Ringelblumen-Hydrolat*
» *1 TL Aloegel oder Malvenhydrosol*
» *1 TL Leinöl*
  (auch Nachtkerzenöl, Borretschöl)
» *1–2 Tr. äthrisches Weihrauchöl (auch Kamille oder Myrrhe)*

Zubereitung - Anwendung
* Alle Zutaten vermischen.
* Die Maske aufs gereinigte Gesicht auftragen.
* Nach 15 bis 25 Minuten mit lauwarmem Wasser abnehmen.

Info
Diese Maske ist besonders geeignet, wenn man sensible und empfindliche Haut nachhaltig stärken will.

STRAFFENDE MASKE

Zutaten

» *1–2 Eiklar*
» *1 Spritzer Zitronensaft*

Zubereitung - Anwendung

* Eiklar und Zitronensaft mit einem Schneebesen verrühren, aber nicht schlagen.
* Dick auf die Haut auftragen und so lange darauf belassen, bis das Spannungsgefühl bereits ein wenig unangenehm ist. Mit viel lauwarmem Wasser abwaschen. Reichhaltige Pflegeprodukte auftragen.

Info

Dies ist die Maske vor einem besonderen Anlass, bei dem man super aussehen will. Sie ist bereits seit Jahrtausenden bekannt.

FALTENREDUZIERENDE MASKE

Zutaten

» *1 EL rote Heilerde*
» *1 Msp. Tepezcohuite (Mimosenbaum)*
» *¼ reife Banane*
» *ca. 20 ml (oder nach Bedarf)destilliertes Wasser oder Hydrolat (aus Parakresse oder Gartenkresse)*
» *1 EL Arganöl oder Samenöle*
» *2 Tr. äth. Grapefruitöl*

Zubereitung - Anwendung

* Alle Zutaten vermischen. Bei der Flüssigkeitsmenge kann ich keine genauen Angaben machen, da natürliche Rohstoffe sich unterschiedlich verhalten und dementsprechend auch unterschiedliche Flüssigkeitsmengen verlangen.
* Die Maske aufs gereinigte Gesicht auftragen.
* Nach 15 bis 25 Minuten mit lauwarmem Wasser abnehmen. Diese Maske ist sehr pflegend und angenehm.

APFELMASKE

Zutaten
» *1 Apfel, feinst gerieben*
» *1–2 EL griechisches Joghurt*
» *1 Spritzer Zitronensaft*

Zubereitung - Anwendung
15 bis 20 Minuten wirken lassen, dann abnehmen. Gibt einen rosigen, glatten Teint.

Info
Tepez = Tepezcohuite (Mimosa tenuiflora) Extrakt aus der Rinde vom „Baum der Haut", wie ihn die Mayas und die heutigen Mexikaner nennen. Auf Grund seiner Inhaltsstoffe wird er vor allem zur Regeneration der Haut in Anti-Aging Produkten verwendet.

INFO

Gute Öle für die Haut:
Johanniskraut-Samenöl, Broccolisamen-Öl, Chissamen-Öl, Hirsesamen-Öl, Amlasamen-Öl, Baobapöl, Cranberrysamen-Öl, Gurkenöl, Pflaumenöl, Kaffebohnen-Öl, Kameliensamen-Öl, Kirschkernöl, Lorbeeröl, Paranuss-Öl, Pfirsichkern-Öl, Sanddornöl

Naturschönheit

Bodylotinon Rose

m. Hydrolat,* Mandelöl*, Sheabutter*, Montanov
pflanzl. Glycerin*, E, Biokons,
äth.Rose.-Geranie-Palmarosa

Hergestellt nach ÖLMB, Kap. ß. Abschrift Biokosmetik
Zutaten mit * stammen aus biol. Landwirtschaft

KÖRPERPFLEGE UND -REINIGUNG

Heute gibt es alle Arten von Duschgels, Flüssigseifen, Shampoos oder Conditionerbasen in kbA-Qualität fertig zu kaufen. Sie sind gut, aber man kann sie mit Ölen, Hydroglycerinen, Kräuterpulver, ätherischen Ölen und individuellen Kräuter-Extrakten verbessern. Niemand muss wirklich alles selbst machen, wenn er eigene Kosmetik herstellt. Besser wäre es, die wirklich guten Fertigprodukte – und die gibt es gerade auf dem Sektor der Reinigung – dem persönlichen Bedürfnis anzupassen.

Ich stelle so meine ganz privaten Reinigungsmittel her, mein persönliches Bad, Duschgel oder Shampoo und habe ein wahrhaft luxuriöses Gefühl, wenn ich sie anwende.

Der wichtigste Punkt bei einer guten Reinigung ist, darauf zu achten, die Haut so wenig wie möglich auszulaugen. Wir alle wissen, was ein unversehrter Säureschutzmantel für uns bedeutet. Er darf nie so weit zerstört werden, dass er sich nicht unmittelbar nach der Reinigung wiederum aufbauen kann. Die Haut ist zu pflegen und nicht zu Tode zu waschen (womit ich nichts gegen reichlich Wasser sage, das ist ein Lebenselixier)!

Wechselduschen – kalt/warm/kalt – sind für den Stoffwechsel und das Immunsystem von großer Bedeutung. Sie machen die Haut widerstandfähig und das Bindegewebe bleibt oder wird straff. Wechselduschen sorgen für den Abtransport überflüssiger Wasserdepots und regen die Fettverbrennung an.

Körper-Peelings sollte man 1-mal wöchentlich durchführen, wichtig sind sie auch an Ellbogen, Knien und an den Füßen, ganz nach Bedarf. Will man allerdings Cellulite und überflüssige Kilos loswerden, sind Peelings öfters angesagt. Genau so wichtig ist das häufige Körperbürsten oder -rubbeln, Bewegung, Ernährung und vor allem das Wasser von innen, das Trinken. 2–3 l pro Tag sind notwendig, dann bleiben die Körperfunktionen im Fluss.

BADEÖL FÜR MÜDE, TROCKENE, FALTIGE HAUT

Zutaten

- » 20 ml Maccadamiaöl
- » 20 ml Hagebuttenöl
- » 20 ml Arganöl
- » 15 g Aloegel
- » 15 g Hydrosol (aus Gänseblümchen oder Parakresse oder Rosenblüten)
- » 10 g Biolecithin
- » 10 Tr. äth. Linaloeholzöl
- » 10 Tr. äth. Palmarosaöl
- » 4 Tr. äth. Sandelholzöl
- » 4 Tr. äth. Ylang-Ylangöl

Zubereitung - Anwendung

- * Biolecithin im Hydrosol auflösen, leicht erwärmen.
- * Die Öle ebenfalls leicht erwärmen und Hydrosolmischung zugeben, alles gründlich durchrühren. Die ätherischen Öle beifügen.
- * Pro Vollbad gehören 2 bis 3 EL der Mischung ins Bad. Nach dem Bad nicht abtrocknen, sondern einziehen lassen. Die Pflege ist kaum zu überbieten.
- * In einer dunklen Flasche kühl lagern.

ÖL-FEUCHTIGKEITSBAD

Zutaten

- » ½ Tasse Olivenöl oder das Lieblingsöl
- » 1 EL Glycerin
- » 6 Tr. äth. Karottenöl
- » 6 Tr. äth. Orangenöl
- » 14 Tr. äth. Lavendelöl

Zubereitung - Anwendung

- * In einem Schüttelglas alle Zutaten mischen.
- * Für ein Vollbad 2 EL der Mischung mit 1 Ei und einem Schuss Milch aufschlagen und ins warme Wasser gießen.
- * Das Bad schenkt der Haut viel Feuchtigkeit und stärkt sie nachhaltig. Milch fungiert als Emulgator. Die Flüssigkeit dem warmen Voll- oder Teilbad zufügen. In die Wanne legen, fertig.
- * Ölbäder sind Balsam für die Haut und so einfach und schnell zu machen. Anschließend nicht fest abrubbeln, sondern die Wirkstoffe einziehen lassen. Verfeinern kann man mit ein paar Tropfen eines ätherischen Öls, je nach Laune oder Befinden.
- * Im Kühlschrank aufbewahren (hält ca. 1 Monat).

GUTE-LAUNE-SCHAUMBAD

Zutaten

» *90 g Badeschaum-Butterbasis*
» *10 g Schachtelhalmpulver*
» *5 Tr. äth. Wacholderöl*
» *5 Tr. äth. Grapefruitöl*

Varianten für Kinder

» *10 g Himbeerpulver*
  und 10 Tr. Himbeerduftöl
» *oder 10 g Zitronen- oder Orangenmehl*
  und 10 Tr. ätherischen Zitrusduft

Zubereitung - Anwendung

* Die fertige Badeschaum-Butter in einer Schüssel aufschlagen und mit Kräuterpulver und den ätherischen Ölen vermischen. In ein Schraubgefäß füllen und kühl lagern.

* 3 EL unter den Wasserhahn geben, dann entwickelt sich der Schaum. Die Butter regt den Stoffwechsel an und hilft beim Abnehmen.

MILCHBAD

Zutaten

» *¼ l Milch oder 2 EL Milchpulver*
  oder 1 Becher Sahne
» *5 Tr. äth. Blutorangenöl*
» *3 Tr. äth. Petit-Grainöl*
» *6 Tr. äth. Lavendelöl*

Zubereitung - Anwendung

* Die einzelnen Zutaten direkt in die Wanne geben und heißes Wasser einlaufen lassen.

* Dieses Bad macht frisch, ist pflegend und angenehm duftend.

Mein Tipp

Selbst hergestellte Badebutter-Arten sind willkommene Geschenke. Um ihnen Farbe zu geben, kann man Mineralfarben, Pflanzenpulver oder Heilerden zufügen. Man kann Mischungen mit zerriebenen Blütenknospen oder Blättern anreichern und die unterschiedlichsten Duftkompositionen kreieren. So wird Pflege zum Genuss.

BASIS-DUSCHGEL SELBSTGEMACHT

Zutaten

» 50 ml destilliertes Wasser
  oder Hydrolat
» 50 ml Coco Glycosid
  (ein sehr mildes, natürliches Tensid)

Zubereitung - Anwendung

* Alle Zutaten vorsichtig verrühren und
  die Wirkstoffe nach und nach einarbeiten.

Info

*Manche meiner Rührerinnen ma-
chen ihr Duschgel immer noch nach
diesem Rezept und verzichten auf die
gekaufte Duschbasis. Ist die Duschgelbasis zu dünn, rührt man ¼ bis
1 ML Xanthan darunter (Xanthan
vorher in Wasser anrühren, dann in
die fertige Mischung geben). Vor dem
Abfüllen ½ Tag stehen lassen.*

FEUCHTIGKEITS-DUSCHGEL

Zutaten

» 150 ml Duschbasis
» 30 ml Aloegel
» 20 ml Pflanzenöl
» 30 Tr. äth. Tangerineöl
» 30 Tr. äth. Grapefruitöl
» 10 Tr. äth. Rosmarinöl
» 10 Tr. äth. Rosenholzöl

Zubereitung - Anwendung

* Alle Zutaten gründlich vermischen.
* In eine 200-ml-Flasche mit Ausgießer
  oder Pumpe füllen, laufend verwenden.

SANFTES DUSCHGEL, BEI EMPFINDLICHER HAUT

Zutaten

» 50 ml Duschgelbasis
» 25 ml Lindenblütenhydrolat
» 15 ml Jojobaöl
» 10 ml Monoiöl
» 30 Tr. Vanillehydroglycerin
» 10 Tr. äth. Ylang-Ylangöl
» 8 Tr. äth. Grapefruitöl
» 8 Tr. Vitamin E

Zubereitung - Anwendung

* Alle Zutaten gründlich vermischen.
* In eine 100-ml-Flasche mit Ausgießer
  oder Pumpe füllen, laufend verwenden.

FRUCHTIGES DUSCHGEL

Zutaten

- » *185 ml Duschbasis*
- » *17 ml Mandelöl*
- » *40 Tr. äth. Orangenöl*
- » *20 Tr. äth. Majoranöl*
- » *10 Tr. äth. Lemongrasöl*
- » *10 Tr. äth. Muskatnussöl (Macis)*
- » *3 Tr. äth. Ylang-Ylangöl*
- » *3 Tr. äth. Pfefferöl (schwarz)*

Zubereitung - Anwendung

- * Alle Zutaten gründlich vermischen.
- * In eine 200-ml-Flasche mit Ausgießer oder Pumpe füllen, laufend verwenden.

Info

Dieses Duschgel reinigt, wird aber durch das Öl als wunderbar pflegend empfunden. Es duftet herrlich.

MAJONÄSE FÜR DEN KÖRPER

Zutaten

- » *3 EL Rizinusöl*
- » *5 EL Mandelöl*
- » *2 EL biologischen Apfelessig*
- » *1 TL Honig*
- » *2 Dotter vom Hühnerei*
- » *2 TL Kornschnaps*

Zubereitung - Anwendung

- * Die Dotter verrühren und zuerst Öl, dann die anderen Zutaten einarbeiten, genau so, wie man eine Majonäse macht.
- * Es entsteht eine homogene Masse.
- * Die Majonäse von oben bis unten in die Haut einmassieren.
- * In der Zwischenzeit ein Vollbad einlassen und sich 20 Minuten in die Wanne legen. Dann an der Luft trocken werden.
- * Die Körperpackung kann aber auch an der Luft eintrocknen, anschließend unter die Dusche gehen. Eine intensive Pflege für die Körperhaut.

Mein Tipp

Wer es wünscht, reichert die Majonäse mit ätherischem Öl nach Wunsch an. Dies ist intensivste Pflege und Regeneration für die Haut.

MEIN TIPP

Wenn die selbstgemachte Zahnpasta in der Tube austrocknet,
in die Schrauböffnung Wasser
oder Hydrolat einfüllen, wieder
verschließen und auf den Kopf
stellen. Sie wird wieder weich.

ZAHNPFLEGE

Wissen Sie, was bei meinen Kursen im Kräuterverein FNL immer am besten ankommt? Die Zahnpasta. Wenn wir Zahnpasta herstellen, ist jeder dabei und ich habe noch niemanden erlebt, der nicht davon begeistert gewesen wäre. Auch nach Jahren noch wird die Zahnpasta genau so, wie es gelernt wurde, hergestellt.

Kein Wunder: Wie alles andere auch, ist das industriell hergestellte Mundpflegemittel ins Gerede gekommen. Die (meist) synthetischen Inhaltsstoffe, die fragwürdigen Zusätze machen eine Zahnpasta zum Glücksspiel – vertrage ich sie nun oder nicht – schadet sie mir, oder nicht.

Auch wenn man sich an eine selbstgemachte Zahnpasta erst gewöhnen muss, so wird sie doch für Sie und Ihre Familie bald zum täglichen Reinigungsritual gehören. Ohne Angst vor dem Verschlucken, ohne Sorge, wenn die Zahnpasta einmal im Gesicht landet! Besonders bei Kindern ist das ein Thema. Die Zubereitung geht schnell – der Zeitaufwand ist

kaum der Rede wert. Klassische Zahnpasten sind wahre Chemiebomben, mit Natriumlaurysulfat und Fluor.

Kinder verschlucken viel von der Zahnpasta und auch wenn die Umstellung manchmal lauthals abgelehnt wird, wenn man es vormacht und darüber redet, entwickeln sich gerade Kinder zu leidenschaftlichen Verfechtern gesunder Pflege, besonders dann, wenn die Zahnpasta mit Erdbeerextrakt eingefärbt und beduftet ist. Ausschläge, Pusteln und Ähnliches um den Mund kommen bei Kindern oft von Zahnpasta oder Kaugummi.

ZAHNPASTA-HERSTELLUNG

in 12 Arbeitsschritten

01 Zutaten vorbereiten **02** Heilerde in ein Messglas schütten
03 Hydrolat oder destilliertes Wasser hineingießen »

ZAHNPASTA-HERSTELLUNG

in 12 Arbeitsschritten

04 Solange rühren, bis eine sämige Masse entsteht **05** Schüßler Salze dazugeben **06** Eventuell können Sie Meersalz einmengen **07** Ätherische Öle eintropfen »

ZAHNPASTA-HERSTELLUNG

in 12 Arbeitsschritten

08 Blutwurztinktur wird gegen Zahnfleischbluten verwendet **09** Zusätzlich ergänzt man mit Salbeitinktur, zur Straffung des Zahnfleisches **10** Etwas pflanzliches Glycerin dazu **11** Die Tube wird an der offenen Hinterseite befüllt **12** Nach Befüllung 2 bis 3 Mal falten.

ZAHNPASTA

Zutaten

» *100 g weiße Heilerde*
» *destilliertes Wasser*
» *10–5 Tabletten Schüßler Salze Nr.1 und Nr. 11*
» *1 kräftige Prise Meersalz, wer es mag*
» *1–2 Tr. äth. Teebaumöl (bei häufiger Eiterbildung)*
» *4–6 Tr. äth. Zitronenöl (gegen Zahnfleischbluten)*
» *15–20 Tr. Salbeiextrakt (zur Desinfektion und Zahnfleischstraffung)*
» *2–4 Tr. äth. Pfefferminz-, Lavendel- oder Thymianöl (für frischen Atem, zur Geschmacksverbesserung)*
» *15–20 Tr. Blutwurztinktur (zur Straffung, bei lockeren Zähnen, zur Desinfektion, bei Zahnfleischbluten)*

Zubereitung

* Heilerde wird mit so viel Wasser (auch Salbeihydrolat oder Salbeitee) angerührt, bis eine dicke, breiige Masse entsteht.
* Die Schüßlersalze im Mörser fein wie möglich zerkleinern und hinzu fügen.
* Alle übrigen Zutaten einarbeiten. Wird die Masse zu trocken, so ein paar Tropfen destilliertes Wasser hinzufügen.
* Sollte man keine Extrakte/Tinkturen haben, gibt man 20 bis 30 Tropfen Alkohol zur Desinfektion hinzu.

* Als Faustregel gilt: Auf 100 g Heilerde kommen 8 bis 10 Tropfen ätherische Öle.
* Man kann erweitern oder weglassen, sodass die ganz persönliche Zahnpasta entsteht.

MUNDWASSER

FÜR FRISCHEN ATEM UND EINE GESUNDE MUNDHÖHLE

Zutaten

» *80 ml Pfefferminzhydrolat oder Salbeihydrolat*
» *10 ml Biokorn (Schnaps)*
» *2,5 ml Rosmarinhydrosol*
» *1 ml Blutwurztinktur*
» *1 ml Süßholzglycerin*
» *7–9 Tr. äth. Zitronenöl*

Zubereitung – Anwendung

* Alle Zutaten in eine Sprühflasche füllen und gründlich verschütteln.
* Den Mund 2- bis 3-mal wöchentlich mit der Mischung ausspülen, bzw. einige Tropfen in ein Glas Wasser geben und damit gurgeln. Nur Bio-Produkte verwenden!

NOCH EINE ZAHNCREME

Zutaten

» *30 ml Salbeihydrolat*
» *30 ml Pfefferminzhydrolat*
» *5 ml Gundelrebenhydrosol oder Aloegel*
» *weiße Heilerde (nach Bedarf)*
» *2 g Calcium phosphoricum (Schüßler Salz Nr. 2)*
» *2 g Silicea (Schüßler Salz Nr. 11) oder Siliciumpulver*
» *2 ml Blutwurztinktur*
» *2 g Lakritzepulver (macht den Geschmack angenehmer und reinigt sehr effektiv)*
» *2 Tr. äth. Salbeiöl*
» *1 Tr. äth. Pfefferminzöl*
» *3 Tr. äth. Zitronenöl*

Zubereitung

* Die Schüßlersalze (sind Tabletten) im Mörser feinst zerkleinern.
* Hydrolate und Hydrosol oder Aloe mit so viel Heilerde vermischen, bis eine Paste entsteht, die sich leicht bewegen lässt. Die Paste ½ Tag stehen lassen da sie andickt. Ist sie dann zu dick, noch etwas Hydrolat hinzufügen.
* Nun übrige Zutaten einarbeiten.
* Den festen Brei in eine Zahnpastatube (erhältlich im Kosmetikbedarf) füllen und verschließen.

* Die Zahnpasta kann genau so verwendet werden, wie jede gekaufte, schmeckt aber viel besser und stärkt den gesamten Mundraum und die Zähne.

Dieses Rezept kann man nach eigenem Geschmack und Bedürfnis abändern.

* *Eine Beigabe von Schlämmkreide macht weiße Zähne.*
* *Zinkoxid ist ein Spurenelement, das dem Körper fast immer fehlt und auch über den Umweg des Zähneputzens aufgenommen wird.*
* *Ätherisches Teebaumöl (anstatt des Zitronenöls) nimmt man bei häufiger Eiterbildung im Mund- und Rachenraum.*
* *Nie verzichten darf man auf Salbei, der zur Desinfektion und Straffung des Zahnfleisches dient.*
* *Bei Mundgeruch ätherisches Myrrheöl, Fenchelöl oder Speiklavendelöl verwenden. Will man mehr Straffung und Frische, nimmt man anstatt Pfefferminzhydrolat das Zitronenhydrolat.*

ildensee, 2000 m hoch gelegener Stausee im Nationalpark Hohe Tauern

DEO

selbstgemacht

Immer wieder liest man von den vor allem für uns Frauen schädlichen Aluminiumsalzen in den herkömmlichen Deos. Manche Menschen vertragen sie nicht mehr und reagieren mit Ausschlag. Dann ist guter Rat teuer. Man kann ein gutes Deo auch ganz leicht selbst machen.

ROLL-ON

Zutaten

» ½ ML Xanthan neu
» 50 ml destilliertes Wasser, Salbei- oder Labkraut-Hydrolat
» 1 ML Odex oder Farnesol (= Geruchsfresser)
» einige Tr. Milchsäure
» einige Tr. äth. Salbeiöl (oder Muskatellersalbei, Lavendel, Grapefruit, Zitrone, Zeder, Patchouli, Zypresse, Rosengeranie - bei den Düften das nehmen, was man selbst am liebsten mag, bzw. verträgt)

Zubereitung

* In einem Schüttelbecher das Xanthan mit dem destillierten Wasser mischen. Darauf achten, dass sich keine Klumpen bilden.
* Den Schüttelbecher schließen und so lange schütteln, bis ein festes Gel entsteht. Es darf nicht zu dünn sein, sonst tropft der Roll-on bei der Anwendung. Ist es aber zu dick, bewegt sich die Rolle nicht. ½ Tag stehen lassen und dann testen und entweder verdünnen oder andicken.
* Nun die übrigen Zutaten hineinrühren, dadurch wird das Gel dünner. Zum Schluss ein paar Tropfen des gewählten ätherischen Öls dazugeben, nicht zu viel, lieber nachbeduften.
* In einen Roll-on (Kosmetikbedarf) füllen und laufend verwenden.

DEO-HERSTELLUNG

in 12 *Arbeitsschritten*

01 Zutaten vorbereiten **02** Xanthan oder andere Gelbildner in ein trockenes Glas geben **03** Anfeuchten »

DEO-HERSTELLUNG

in 12 Arbeitsschritten

04 Destilliertes Wasser oder Hydrolat einschütten **05** Eventuell Natron oder Alaun dazugeben **06** Aufquirlen zu einem glatten Gel **07** Festigkeit überprufen. Eventuell mit Hydrolat verdünnen »

DEO-HERSTELLUNG

in 12 *Arbeitsschritten*

08 Odex (Deowirkstoff) dazugeben **09** Milch- oder Apfelsäure eintropfen **10** Mit ätherischen Ölen beduften **11** Gleichmäßig verrühren **12** In Roll-On-Gläser einfüllen.

DEO-STIFT

Zutaten

» *10 g Sheabutter*
» *8 g Candelillawachs*
» *20 ml Ringelblumenöl*
» *6 Tr. äth. Pfefferminzöl*
» *20 Tr. äth. Palmarosaöl*
» *10 Tr. äth. Bergamotteöl*

Zubereitung

* Butter und Wachs mit dem Öl im heißen Wasserbad bis zum Schmelzen erwärmen und gut verrühren.
* Bevor die Masse wieder fest wird die ätherischen Öle hinzufügen, ebenfalls unterrühren.
* Sofort in Hülsen (Kosmetikbedarf) füllen. Dieses Deo ist für sehr empfindliche Haut geeignet.

DEO-CREME

Zutaten

» *20 g Sheabutter*
» *15 g Kakaobutter*
» *1 EL Maisstärke*
» *1 EL Natron (=Geruchsfresser)*
» *einige Tr. äth. Salbeiöl (oder Muskatellersalbei, Lavendel, Grapefruit, Zitrone, Zeder, Patchouli, Zypresse, Rosengeranie)*

Zubereitung

* Die Butteranteile im heißen Wasserbad zergehen lassen.
* In die zerlassene Butter Maisstärke und Natron rühren. Mit ein wenig ätherischem Öl nach Wunsch beduften. In eine Cremedose füllen und kalt werden lassen.
* Manche Menschen haben lieber eine Creme, weil sie Alkohol oder Essige nicht so gut vertragen. Deocreme trägt man wie eine Gesichtscreme mit den Fingern auf.

DEO-SPRAY

Zutaten

» *50 ml Salbei-, Labkraut- oder Melissen-Hydrolat*
» *2,5 g Natron*
» *1 Msp. Zitronensäure*
» *einige Tr. äth. Salbeiöl (oder Muskatellersalbei, Lavendel, Grapefruit, Zitrone, Zeder, Patchouli, Zypresse, Rosengeranie)*

Zubereitung

* Alle Zutaten zusammenschütteln und mit ätherischem Öl beduften.
* In eine Zerstäuberflasche füllen und bei Bedarf verwenden.

EINE WEITERE MASSNAHME
BEI DEN UNSCHÖNEN DELLEN

Viel trinken ist Pflicht, es können ruhig mehr als die empfohlenen 1 ½ bis 2 Liter sein. Pflanzen bieten auch hier ihre Unterstützung an und Sie sollten eine Kur (3 Wochen) mit einem Flüssigkeiten ausscheidenden Tee machen. Dann wieder eine Pause und gänzlich andere Kräuter nehmen, dann wieder den Cellulite-Tee.

CELLULITE UND SCHWANGERSCHAFTSSTREIFEN

Weder eine faltige Gesichtshaut noch die häufig verbreitete Cellulite werden allein durch eine Creme, Salbe oder ein Gel gänzlich verschwinden. Aber um sie zu verbessern, brauchen wir die Cremes und Salben. Uns Frauen werden Nahrungsumstellung und Bewegung gepredigt, wir sollen mehr Gymnastik machen, und so weiter.

Erfolge stellen sich nur nach mit Konsequenz durchgeführten Programmen ein, durch bewusstes Essen und viel Bewegung. Die Muskeln von Po, Oberschenkeln und Armen können im Bus, im Auto, vorm Fernseher, beim Kochen, Bügeln usw. angespannt und wieder losgelassen werden, das merkt keiner und der Zeitverlust hält sich auch in Grenzen.

Mir hat immer bürsten und danach eiskalt abduschen gefallen. Wenn das nicht gleich ertragen wird, kann man sich vorerst mit einem Tuch, das in kaltes Wasser getaucht wurde, abrubbeln. Ganze Generationen von Frauen haben das gemacht und es hat ihnen immer geholfen.

Weil es aber doch immer die Pflanzen sind, die gerade uns Frauen am meisten unterstützen, habe ich innerlich gejubelt, als vor kurzer Zeit eine Studie aus Padua publik wurde. In dieser Studie hat man festgestellt, dass der Extrakt der Süßholzwurzel die spezielle Haut von uns Frauen an bestimmten Stellen (das will ich jetzt nicht weiter ausführen, weil Cellulite halt einfach an besonderen Stellen auftritt) positiv beeinflusst. Ich habe natürlich sofort experimentiert und die Erfolge sind gut, aber leider nicht ohne die zusätzlichen Maßnahmen wie Bewegung und Ernährung!

TEE-REZEPT BEI CELLULITEKUR

Zutaten
» *20 g Birke*
  (für Nieren- und Hautreinigung)
» *20 g Schafgarbe*
  (wirkt entzündungswidrig)
» *30 g Klettenwurzel*
  (zur Reinigung der Lymphe)
» *10 g Stiefmütterchen*
  (für die Hautreinigung)

Zubereitung
* Die Kräuter mischen und in einem Papiersäckchen oder Keramikgefäß lagern.
* Täglich 1 EL der Kräuter mit 1 l kochendem Wasser überbrühen.
* 7 Minuten ziehen lassen, abseihen und schluckweise trinken.
* Über den Tag verteilt trinken.

ACKERSCHACHTELHALM-TEE

Zutaten
» *Zusätzlich täglich noch 2 Tassen (½ l) Ackerschachtelhalm-Tee trinken. Die Inhaltsstoffe des Ackerschachtelhalms erschließen sich nicht durch einen normalen Aufguss. Man muss hier etwas mehr Zeit einsetzen.*

Zubereitung
* 1 EL Ackerschachtelhalm mit ½ l kaltem Wasser abends ansetzen. Am Morgen auf den Herd stellen und aufkochen lassen.
* Etwa 10 Minuten sieden, danach abgießen. Tagsüber trinken.
* Für die bessere Ausscheidung sorgt ein weiterer Liter reines Quellwasser oder anderes Wasser ohne Kohlensäure pro Tag.

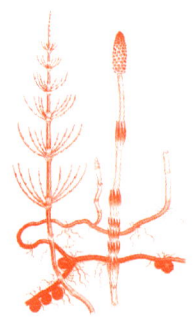

TEEREZEPT BEI BESENREISERN

Zutaten

» *15 g Mäusedorn*
» *10 g Rosskastanie*
» *10 g Schafgarbe*
» *10 g Gingkoblätter*
» *5 g Hamamelis*
» *5 g Steinklee*

Zubereitung

* Kräuter mischen und in einem Papiersäckchen oder Keramikgefäß lagern.
* Täglich 2 TL der Kräuter mit 2 Tassen
  (½ l) kochendem Wasser überbrühen.
* 7 Minuten ziehen lassen, abseihen
  und schluckweise trinken.
* Zwei Tassen pro Tag genügen
  (morgens und abends).

Tinktur-Zutaten

» *15 ml Mäusedorntinktur*
» *10 ml Rosskastanientinktur*
» *10 ml Schafgarbentinktur*
» *10 ml Gingkotinktur*
» *5 ml Hamamelistinktur*
» *5 ml Steinkleetinktur*
» *10 ml Ackerschachtelhalmtinktur*

Tinktur-Zubereitung

* Die Tinkturen im angegebenen Verhältnis mischen und davon täglich 15
  bis 25 Tropfen in Wasser verdünnt vor
  dem Essen trinken.

Info

*Wer lieber eine Tinktur verwendet,
sollte sich Tinkturen aus frischen oder
getrockneten Kräutern herstellen.*

Mein Tipp

*Wenn es durch hormonelle Einflüsse zu
Stoffwechselstörungen und Ansamm-
lungen von Schlacken, Wasser und Fett
kommt, sind Kräutertinkturen oder
Kräutertees ebenfalls gefragt.*

TINKTUR ODER TEE FÜR EINEN BESSEREN STOFFWECHSEL

Zutaten

» *10 ml/g Traubensilberkerze, die Wurzel wirkt hormonregulierend*

» *10 ml/g Löwenzahn, die Wurzel wirkt stoffwechselanregend*

» *10 ml/g Kümmel, die Samen vorher anquetschen, wirkt verdauungsanregend*

» *10 ml/g Mariendistel, die Samen sind leberstärkend (vorher anquetschen)*

» *5 ml/g Fenchel, die Samen wirken gasausleitend*

» *5 ml/g Erdrauch, das Kraut ist haut- und stoffwechselanregend*

Teezubereitung

* 2 EL der Mischung über Nacht in 1 Liter Wasser stehen lassen. Am Morgen zum Sieden erhitzen, von der Feuerstelle nehmen und nochmals 10 Minuten ziehen lassen. Abseihen und über den Tag verteilt trinken.

* Die Tinkturen im angegebenen Verhältnis mischen und davon 3-mal täglich 15 bis 30 Tropfen in Wasser verdünnt vor dem Essen trinken.

CELLULITEBUTTER

Zutaten

» *45 g Sheabutter*

» *5 g Kaffeebutter*

» *10 g Kokosbutter*

» *30 ml Efeuöl*

» *5 ml Algenöl*

» *5 ml Aloeöl*

» *8 tr. Vitamin E*

» *30 Tr. Süßholzwurzel-Hydroglycerin = Hydrosol*

» *5 g Kastanienpulver*

» *9 Tr. äth. Zypressenöl*

» *9 Tr. äth. Wacholderöl*

» *9 Tr. äth. Zimtöl*

» *9 Tr. äth. Fenchelöl*

» *9 Tr. äth. Geranienöl*

Zubereitung

* Butter im Wasserbad schmelzen.

* Öl dazugeben und verrühren.

* Alle anderen Zutaten beifügen und gründlich vermengen.

* In eine Cremedose füllen und fest werden lassen.

Anwendung

2-mal täglich dünn einmassieren.
Die Butter wirkt gut und riecht gut.

CELLULITEÖL AUS WALDEFEU

Zutaten

» Frische, hellgrüne Efeublätter
  von jungen Trieben

» Olivenöl (oder Sonnenblumenöl,
  Mandelöl, Sesamöl)

Zubereitung – Anwendung

* Frische Blätter sammeln, so viel Sie
  benötigen.

* Die Blätter klein schneiden und etwas
  anwelken lassen.

* Ein Schraubglas zur Hälfte damit
  anfüllen und mit gutem biologischen
  Öl übergießen.

* Für 4 bis 6 Wochen an einen warmen Ort stellen, dabei anfangs nicht
  verschließen, sondern nur mit einem
  Baumwoll- oder Leinentuch abdecken.

* Erst wenn die Flüssigkeit der Pflanze
  verdampft ist, kann man das Glas mit
  dem Schraubdeckel verschließen und
  auch hin und wieder durchschütteln.

* Nach der Ziehzeit abfiltern und in
  eine saubere Flasche füllen.

Anwendung

Betroffene Stellen regelmäßig mit
dem Öl massieren.

Info

*Der Efeu ist immergrün, man hat also im-
mer die Möglichkeit, an Blätter zu kommen. Doch geht es den Pflanzen genauso
wie uns. Nicht immer haben wir unsere
volle Kraft. Im Frühling wächst sie, mit
dem Spätherbst schwindet sie.*

*Die gleichen Zubereitungen kann man
mit jungen Birkenblättern machen, mit
Schachtelhalm, Eisenkraut, Bockshornklee
oder Zwergwacholder. Auch Mischungen
sind möglich, zum Beispiel mit Thuja,
aber von dieser Pflanze immer nur einen
Zehntel-Teil zufügen. Es kann zu Reaktio-
nen auf der Haut kommen.*

*All diese Pflanzen haben wir vor der Haus-
türe und wir können uns das ganze Jahr
mit Ölen, Tinkturen, Fluiden, Hydrolaten
oder Hydroglycerinen (Hydrosolen) einde-
cken, die wir selbst zubereiten. Natürlich
sollte man nicht immer die gleiche Pflanze
nehmen, sondern öfter einmal wechseln.*

CELLULITEÖL

Zutaten

» *50 ml Efeuöl*
» *10 ml Kaffeeöl*
» *20 ml Centellaöl*
» *20 ml Algenöl*
» *15 Tr. äth. Zypressenöl*
» *15 Tr. äth. Zedernöl*
» *15 Tr. äth. Grapefruitöl*
» *15 Tr. äth. Lemonöl*
» *10 Tr. äth. Wacholderöl*

Zubereitung – Anwendung

* Alle Öle gründlich vermischen und in eine Flasche abfüllen.
* Vor Gebrauch ausgiebig schütteln.
* Betroffene Stellen 2-mal täglich mit dem Öl massieren.

CELLULITEGEL

Zutaten

» *1 ML (=2,5 g) Xanthan*
» *80 ml Schachtelhalm-Hydrolat*
» *15 Tr. Birkenextrakt (Birkentinktur)*
» *15 Tr. Efeuextrakt (Efeutinktur)*
» *15 Tr. Kaffeeextrakt (Kaffeetinktur)*
» *15 Tr. Rosmarinextrakt (Rosmarintinktur)*
» *15 Tr. Lipodermin*
» *20 Tr. Süßholzwurzel-Hydroglycerin*
» *1 ML (=2,5 g) Bambuspulver.*

Zubereitung

* Xanthan mit dem Hydrolat mischen und schütteln, bis daraus ein Gel entstanden ist.
* Nun die Extrakte (Tinkturen) einarbeiten. Sie sind nicht nur wirksam, sie konservieren auch.
* Anschließend vorsichtig alle anderen Wirkstoffe einrühren.
* Das Gel hält mehrere Monate, kann also auch in größerer Menge hergestellt werden. Im Kühlschrank aufbewahren und täglich anwenden.

Info

Die idealen Transporteure für Wirkstoffe sind eigentlich Fette oder Öle, aber sie fehlen hier. Um die Wirkstoffe auch über ein Gel tief in die Haut einzuschleusen, brauche ich das Lipodermin.

CELLULITEÖL FÜR DIE BADEWANNE

Zutaten

- » *20 ml Maccadamiaöl*
- » *20 ml Hagenbuttenöl*
- » *20 ml Avocadoöl*
- » *20 ml Nachtkerzenöl*
- » *10 ml sulfatiertes Rizinusöl oder Lecithin BE (als Emulgator)*
- » *10 Tr. äth. Lavendelöl*
- » *10 Tr. äth. Zypressenöl*
- » *10 Tr. äth. Lemonöl*
- » *10 Tr. äth. Zedernöl*
- » *10 Tr. äth. Zimtöl*

Zubereitung – Anwendung

- * Öle gründlich verschütteln oder verrühren.
- * In eine Flasche abfüllen und jeweils einige EL oder einen Schuss in die heiße Badewanne geben.
- * Die Haut der betroffenen Stellen unter Wasser fest massieren und kneten.

CREME ZUR GEWEBESTRAFFUNG

Zutaten

- » *30 ml Efeuöl*
- » *5 g Emulsan*
- » *3 g Mimosenwachs*
- » *60 ml Pfefferminzhydrolat*
- » *4 ML (= 10 g) Ananaspulver*
- » *30 Tr. Rosskastanien-Hydroglycerin*
- » *30 Tr. Süßholzwurzel-Hydroglycerin*
- » *10 Tr. Konservierung*
- » *50 Tr. äth. Grapefruitöl*
- » *20 Tr. äth. Lemonöl*

Zubereitung – Anwendung

- * Wie Creme, siehe Seite 41
- * Betroffene Stellen täglich 2-mal damit massieren.

Mein Tipp

Man kann sich selbst Ölmazertae aus Efeu (Efeuöl), Birke und Schachtelhalm zubereiten und mit Vitamin E stabilsieren. Auf 100 ml fertiges Öl kommen 6 bis 8 Tropfen Vitamin E. Die selbstgemachten Öle sind für die Gewebestraffung wirksamer, als fertig gekaufte.

ÖL GEGEN DEHNUNGSSTREIFEN

Zutaten

» *je 20ml Algen-, Rosen-, Avocado-, Borretsch-, Aloeöl*
» *je 10 Tr. äth. Lemon-, Rosmarin-, Zedern-, Zypressen-, Spikelavendelöl*

Zubereitung - Anwendung

* Öle mischen.
* Ätherische Öle einrühren.
* Täglich 2-mal auf die betroffenen Stellen auftragen.

BUTTER GEGEN DEHNUNGSSTREIFEN

Zutaten

» *40 g Sheabutter*
» *20 g Avocadobutter*
» *10 ml Erdnussöl*
» *10 ml Kaffeeöl*
» *15 ml Hagebuttenöl*
» *30 Tr. Aloehydroglycerin*
» *30 Tr. Ringelblumenhydroglycerin*
» *30 Tr. Zahnwurzextrakt*
» *10 Tr. äth. Pfefferöl*
» *10 Tr. äth. Majoranöl*
» *10 Tr. äth. Lemonöl*
» *10 Tr. äth. Wacholderöl*
» *10 Tr. äth. Weihrauchöl*
» *10 Tr. äth. Elemiöl*

Zubereitung - Anwendung

* Die Herstellung erfolgt wie auf Seite 49 angegeben.
* Wer zunimmt oder abnimmt (Diät) sollte diese Butter täglich verwenden und auf gefährdete oder betroffene Stellen auftragen.

BABYPFLEGE

Der Geruchsinn eines Babys ist bis zum Alter von 12 Monaten noch extrem empfindlich. Ich warne deshalb grundsätzlich vor dem Gebrauch der geruchsintensiven ätherischen Öle in einer Baby-Pflegecreme oder einem Baby-Pflegeöl. Natürlich muss auch auf synthetische Düfte verzichtet werden.

Es gibt die Möglichkeit, Düfte auch aus Ölmazeraten und Glycerinhydrosolen herzustellen, wenn jemand unbedingt einen Duft haben will. Persönlich finde ich, dass ein gepflegtes Baby herrlich und unverwechselbar duftet. Diesen Duft sollte man, so lange es geht, unverfälscht genießen!

Viele Menschen haben heute empfindliche Haut wie ein Baby. Die Haut ist dann überreizt und nervös und man sieht ihr jede Beleidigung an. Für sie sind die nachfolgend angeführten Pflegeprodukte ebenfalls geeignet. Babyhaut und empfindliche Haut brauchen eine ganz sanfte Pflege, und vor allem darf sie nicht „überpflegt" werden – es ist wie bei den ätherischen Ölen: Weniger ist mehr!

ZUBEREITUNG EINES NATÜRLICHEN DUFTES

Zutaten

» *Rosenblüten, Lavendelblüten oder Vanilleschoten*
» *Jojobaöl oder Sonnenblumenöl, biologisch*
» *Kokosfett, biologisch*

Zubereitung - Anwendung
Zubereitungsart 1:

* Frische, duftende Blüten einer Art (oder eine aufgeschnittene Bio-Vanilleschote) mit dem biologischen Öl bedecken.
* In die Wärme stellen und ausziehen lassen, bis das Öl nach den Blüten duftet.

Zubereitungsart 2:

* Blüten in weiches Kokosfett einlegen.
* Nach einem Tag die alten Blüten weggeben und neue einlegen. So wird der Duft mit jeder neuen Blüte immer intensiver. Dies mindestens 14 Tage machen.
* Das Öl kann direkt als Pflegemittel verwendet werden.

REINIGUNG, DIE ZUGLEICH PFLEGT

Zutaten

» *100 ml Ringelblumenöl*
» *5 g Mimosen- oder Bienenwachs*
» *100 ml Aloewasser*

Zubereitung

* Wachs mit Öl im Wasserbad erwärmen, bis alles geschmolzen ist.
* Aloewasser in einem 2. Gefäß ebenfalls erwärmen, bis es dieselbe Temperatur wie die Fettmischung hat.
* Wasser in Öl geben und kräftig unterrühren, bis eine homogene Masse entstanden ist.

Info
Dieser Reiniger ist besonders geeignet für den Babypopo und für empfindliche, geschädigte Haut.

Mein Tipp
Intensiver wird der Geruch, wenn die Blüten mehrmals erneuert werden. Das Kokosfett wird als Duftkomponente in andere Pflegeprodukte eingearbeitet.

BABYBUTTER ZUR PFLEGE

Zutaten
» *25 g Sheabutter*
» *25 g Kokosöl*
» *30 g Ringelblumenöl*
» *20 g Kamillenöl*

Zubereitung
* Butter erwärmen und aufschlagen.
* Öl langsam nach und nach einrühren. Dies ergibt eine weiche, luftige Butter, die sich leicht auftragen lässt.
* Bei älteren Kindern könnte man mit 1 bis 2 Tropfen ätherischem Vanilleöl beduften, oder vom Ringelblumenöl etwas weniger nehmen und dafür Duftmazerat dazugeben.

Anwendung
Die Butter pflegt empfindliche Haut sehr gut und effektiv und ist vor allem bei großer Kälte oder in der Nacht aufzutragen.

SANFTE ÖLREINIGUNG, ZUGLEICH PFLEGE

Zutaten
» *40 ml Ringelblumenöl*
» *10 ml Sonnenblumenöl*

Zubereitung - Anwendung
Die Öle mischen und wenig davon zur Reinigung verwenden.

REINIGUNG

Zutaten
» *20 ml Cocoglycosid*
» *30 ml destilliertes Wasser oder Ringelblumenhydrolat*
» *5 ml Vanilleöl (Mazerat aus der Bio-Vanilleschote, selbstgemacht)*
» *1 ML (=2,5 g) Aloegel*

Zubereitung
Alle Zutaten gründlich vermischen und in eine Dosierflasche füllen.

Anwendung
Diese milde Reinigung ist für den ganzen Körper wohltuend.

SONNENPFLEGE

Meine Mutter hat ihr Gesicht immer vor der Sonne geschützt. Ich konnte das nie verstehen, denn ich liebte die Sonne schon als Kind.

„Wie ein frisch gebackener Krapfen", so sagte meine Mutter immer zu meiner Hautfarbe. Angeblich wurde ich schon so geboren.

Nach wie vor halte ich die Hysterie vor der bösen Sonne für übertrieben. Vielmehr sollten wir einfach lernen, achtsam mit ihr umzugehen und sie „richtig" zu genießen, so oft wir das können. Gerade bei Hautschäden ist Sonne hilfreich und für die Bildung von Vitamin D praktisch unverzichtbar. Wir brauchen Vitamin D dringend für unsere Knochen. Bei den Gesunden-Untersuchungen wird heute immer wieder festgestellt, dass wir zu wenig davon gespeichert haben.

Kinder müssen wir vorsorglich schützen, denn wenn die Kameraden und das Spiel passen, merken sie nicht, wenn die Sonne schon zu viel wird.

Auch Menschen, deren Tätigkeit sich vorwiegend im Freien abspielt, sollten an Schutz denken, auch nimmermüde Sportler.

Sind wir allerdings freiwillig in der Sonne, sollten wir sie spüren und von ihr lernen.

Bewegt man sich bereits im zeitigen Frühjahr viel im Freien, so genügen natürliche Rohstoffe wie zum Beispiel Butter als Schutz. Butter hat einen natürlichen Sonnenschutzfaktor von bis zu 5. Genau so hoch ist der Sonnenschutzfaktor bei Sesamöl, Sonnenblumenöl oder Weizenkeimöl, noch etwas höher ist er bei Jojobaöl.

Befinden sich in einer Creme Butter, Öl und zusätzlich Vitamin E, hat man meist genug Schutz, wenn die Zeit in der Sonne sorgsam dosiert wird. Überhaupt sollte in einem Sonnenschutz Vitamin E nie fehlen. Gewöhnt man sich langsam an die Sonne, erlebt man auch keine bösen Überraschungen.

In Studien wurde bewiesen, dass wir die heute empfohlenen hohen Sonnenschutzfaktoren in den Cremes und Lotionen gar nicht brauchen. Im Gegenteil, sie schaden der Haut und sieht man sich die Liste der Inhaltsstoffe an, ist das nicht verwunderlich. Wer gerade den Gletscher stürmt oder ausgedehnte Touren in praller Sonne macht, für den sind solche Produkte vielleicht nötig. Wir aber, mit unserer empfindlichen Haut, machen uns und unseren Kindern milde Produkte und tragen sie lieber häufiger auf. Hohe Sonnenschutzfaktoren dichten die Haut hermetisch ab. Das Vitamin D kann nicht erzeugt werden, Flecken entstehen.

Bei der sogenannten Mallorca-Akne und bei Sonnenallergien sollten wir ganz von fettigen Produkten weggehen. Hier sind ausschließlich kühlende Gele angebracht. Als Vorbeugung kann man zwei Monate vor Urlaubsantritt je 1 TL/Tag fettes Sanddornöl und fettes Karottenöl (Achtung: keine ätherischen Öle verwenden!)

einnehmen. Ich persönlich halte die Vorsorge und frühzeitige Pflege mit Buttern und Ölen für das Sicherste. So bleibt die Haut gesund und einer gesunden Haut tut auch die herrliche Sonne nichts Böses.

Melnikfall im Maltatal,
er stürzt über Felsstufen 300 Meter zu Tal

LOTION FÜR
LEICHTES VORBRÄUNEN

Zutaten
- » *30 ml Aprikosenöl*
- » *5 g Emulsan neu*
- » *55 g Margeritenhydrolat*
- » *1 ML (=2,5 g) Vitamin C-Pulver*
- » *1 ML (=2,5 g) Urucum-Pulver*
- » *1 ML Buritiöl*
- » *5 Tr. Biokons*
- » *eventuell Mango- oder Aprikosenhydrosol für den Duft*

Zubereitung
- * Öl und Emulsan im Wasserbad erwärmen.
- * Hydrolat mit Zuckerester verrühren, ebenfalls etwas erwärmen und wenn Öl und Wasser dieselbe Temperatur haben, das Hydrolat zum Öl gießen und gründlich verrühren.
- * Alle weiteren Zutaten einmengen und in eine Flasche füllen.

Info
Urucum ist der Mittelamerikaner liebstes Bräunungs- und auch Schutzmittel. Für den Duft ausschließlich gut riechende konzentrierte Hydrosole verwenden. Ätherische Öle und Alkohol gehören nicht in den Sonnenschutz.

ÖL ZUR RASCHEN,
NATÜRLICHEN BRÄUNUNG

Zutaten
- » *30 g Babassubutter*
- » *20 g Sheabutter*
- » *25 g Kokosöl*
- » *5 g Buritiöl*
- » *15 g Jojobaöl*
- » *25 g Sesamöl*
- » *5 Tr. Sanddorn-Fruchtfleischöl*
- » *5 Tr. Vitamin E*

Zubereitung
Wie Körperbutter zubereiten, Herstellungsanleitung siehe Seite 49.

NATÜRLICHER
SONNENSCHUTZ SV 4/5

Zutaten
- » *50 g Sheabutter (SV 5)*
- » *30 ml Sesamöl (SV4 bis 5)*
- » *20 ml Kokosöl (SV 5 bis 6)*
- » *1 ML (=2,5 g) Edelweiss-Hydroglycerin*
- » *7 Tr. Vitamin E*
- » *1 ML Urucumhydrosol*

Zubereitung - Anwendung
- * Wie jede Körperbutter zubereiten (Seite 49).
- * Sonnenschutz immer ½ Stunde vor dem Hinausgehen auftragen!

Sonnenschutzfaktor

Es gibt natürliche Sonnenschutzfaktoren, die man fertig kaufen kann und mit denen ich gute Erfahrungen gemacht habe. Ich empfehle SoFiTix Breitband oder HT. Diese Stoffe sind am leichtesten zu verarbeiten und schützen vor UVA und UVB-Strahlen, ohne die Haut zu belasten oder zu schädigen.

Man kann diese Sonnenschutzfaktoren in viele Lotionen oder Cremes einrühren, sie sollen aber nicht mehr als 5 bis 10 % Anteil am Fertigprodukt haben. Je mehr, desto höher ist der Sonnenschutzfaktor. 10 % ist bereits Faktor 17 bis 20. Höher als 17 bis 20 kommen wir nicht, das ist aber auch in hohen Lagen oder am Meer von der ganzen Familie getestet und für ausreichend empfunden worden. Die Tester waren 8 bis 88 Jahre alt.

Mit SoFi-Tix HT in der Tagescreme, dem Gel oder in der Lippenpflege hat man immer einen Schutz am Tage, auch wenn man gerade kein Sonnenbad nimmt. Ich verwende gerne auch Zinkoxid alleine. Zink ist immer gut für die Haut, vor allem für die angegriffene und es gibt natürlichen Sonnen/Lichtschutz.
SoFiTix immer in die Fettphase einarbeiten oder in der Fettphase auflösen.

Es gibt fertige Sonnenschutzprodukte mit Sonnenschutzfaktoren 40 oder 80. Wer aber glaubt, er würde sich mit dem 80er-Faktor etwas Gutes tun, irrt. Bei einem Faktor 40 werden 97 % der UVB-Strahlen blockiert, beim Faktor 80 99 %, also wenig mehr. Auf die UVA-Strahlung, die Hautkrebs verursachen kann und die Haut altern lässt, hat der Faktor keinen Einfluss, wohl aber auf die Vitamin-D-Produktion (die dann nicht mehr stattfinden kann).

Der Faktor wird bei Fertigprodukten unter dem Kürzel SPF (engl. Sun protection factor) oder LSF (deutsch Lichtschutzfaktor) angegeben.

Mein Tipp

Sanddorn mindert die Fotosensibilität deutlich. Er schützt vor Mallorca-Akne, wenn er innen und außen verwendet wird.

ÖLGEL

SONNENSCHUTZFAKTOR 15–17

Zutaten

- » *50 ml Jojobaöl*
- » *40 ml Aprikosenkernöl*
- » *3 g Monoibutter*
  (gibt einen herrlichen Duft)
- » *1 ML SoFiTix HB*
- » *1 ML Zinkoxid*
- » *10 g Nachtkerzen- oder Borretschöl*

Zubereitung

- * Öle und Butter im Wasserbad erwärmen, SoFiTix und Zinkoxid darin auflösen und glatt rühren.
- * Wenn das Pulver sich nicht ganz auflöst, kurz hochtourig durchmixen.
- * Bei reifer Haut kann man noch Nachtkerzen- oder Borretschöl dazugeben, für jüngere Personen ist dies nicht nötig.

CREME FÜR LANGE SONNENBESTRAHLUNG

SONNENSCHUTZFAKTOR 15

Zutaten

- » *2 g Sheabutter*
- » *2 g Babassuöl*
- » *10 g Jojobaöl*
- » *4 g Sesamöl*
- » *5 g Montanov 68*
- » *5 ML (=12,5 g) SoFiTix HAT*
- » *70 ml Hydrolat (z. B. aus Margarite, Sonnenblumenblüten, aus allen Hoch gebirgsblüten)*
- » *10 Tr. Karottenöl*
- » *10 Tr. Vitamin E*
- » *1 ML (=2,5 g)*
- » *10 Tr. Rokonsal*
- » *eventuell 3–5 Tr. Lavendelöl*

Zubereitung

- * Butter, Ester, SoFi und Montanov im Wasserbad schmelzen.
- * In einem anderen Gefäß Hydrolat erwärmen.
- * Wasser in Fett geben und hochtourig (mit Stabmixer) aufrühren.
- * Bei Handwärme die Wirkstoffe dazugeben.
- * Ist die Creme zu dünn, kann sie mit 1 Msp. Xanthan verdickt werden.

WINTERPFLEGE

Die Hautprobleme im Winter sind nicht so sehr die tiefen Temperaturen und die trockene Heizungsluft. Es ist die Hautdurchblutung, die in dieser Jahreszeit auf Sparflamme arbeitet. Talg- und Schweißdrüsen schalten zurück und produzieren weniger Fett und Schweiß. Gesicht, Kopfhaut und Hände sind besonders betroffen.

Im Winter erhalten wir auch weniger Frischkost, die Zufuhr mit essenziellen Nährstoffen ist geringer. Insgesamt wird der Stoffwechsel träge.

Wir müssen der Haut von außen zuführen, was sie von innen nicht (mehr) bekommt und wir müssen sie schützen, damit sie nicht erfriert. Die spröde und raue Haut transportiert durch überheizte Räume immer mehr Feuchtigkeit an die Oberfläche, aber diese verdunstet natürlich ebenso rasch, wie sie kommt. Auf Temperaturunterschiede reagiert sie irritiert und schaut viel älter aus, als sie es sein müsste. Kälte wird stärker und unangenehmer empfunden als Wärme. Sportler und vor allem Kinder sind bei extremen Temperaturen besonders gefährdet.

Pflege mit hohem Wasseranteil würde im Freien „gefrieren", mit Folgen wie Rötungen und geplatzten Äderchen (Couperose). Hier kann nur eine fetthaltige Pflege Schutzbarriere sein. Eine Kombination aus den Vitaminen A, C und E unterstützt die Haut.

Vitamin A

regt die Hautzellen zu mehr Wachstum und der Bildung elastischer Fasern an. Die regenerativen Eigenschaften bremsen die Hautalterung und beugen Faltenbildung und Austrocknung vor. Bei Vitamin-A-Mangel kommt es zu rauer, juckender und trockener Haut.

Vitamin E

stabilisiert Vitamin A und sorgt für die Speicherung von Feuchtigkeit. Für Wintersportler ist dies wichtig, da eine vor Feuchtigkeit strotzende Haut vor Entzündungen und Sonnenschäden schützt, sowie Hautalterung vorbeugt. Vitamin E ersetzt nicht den Sonnenschutz, sollte aber in keinem fehlen.

Vitamin C

schützt vor zellschädigenden freien Radikalen, die entstehen, wenn Sonnenstrahlen in die Haut eindringen. C verbessert die Synthese des Kollagens und fördert die Durchblutung der Haut.

Mein Tipp

Im Winter kann es nötig sein, die Nachtcreme am Tag und die Tagescreme in der Nacht zu verwenden. Auf keinen Fall sollte mit kommerziellen Seifen und Duschgels gewaschen werden, auch ein alkoholhaltiges Gesichtswasser ist tabu.

Bei Verwendung der fetten Nachtcreme am Tag Überschuss nach einigen Minuten abnehmen und Gesichtspuder verwenden, er saugt Fett auf.

Mindestens 2 Liter pro Tag trinken!

Ölwickel für den Hals

Regenerierende Gesichts-, Hals- und Dekolletemasken und -auflagen sollten mindestens 1-mal wöchentlich gemacht werden. Ein Muss im Winter ist aber der warme Ölwickel um den Hals, der durch Schals und Tücher ständig in Mitleidenschaft gezogen ist.

Am Hals haben wir kein Fett unter der Haut und deshalb leiden besonders solche Stellen – wie auch die Augenpartie und die Handrücken – unter Temperaturschwankungen. Wertvolle Öle versorgen den Hals nicht nur mit Fett, sondern auch mit Feuchtigkeit. Sie dringen tief ein, reinigen und nähren. Ölmischungen aus besonders reichhaltigen Ölen wie Sanddorn-Fruchtfleisch-Öl oder Grapefruit-Kernöl, die reich an Vitaminen und pflanzlichen Hormonen sind, trägt man pur auf den Hals auf, legt Folie und ein Tuch darüber, und verbringt so die Nacht.

Gute Kombinationen bei trockenem, faltigem Hals und trockenen Händen: Warme Ölwickel oder Auflagen mit Avocadoöl, Calendulaöl, Mandelöl, Wiesenschaumkrautöl

Mein Tipp

Reichhaltige Öle gehören jetzt in alle Masken. In Augencremes und Augenmasken unbedingt Harnstoff, Hyaluronsäure, Hydrosole, Fibrostimulin, Honig und Vitamine einarbeiten. Am besten in eine Jojobaöl-Basis, denn die kriecht nicht in die empfindlichen Augen und hat einen natürlichen UV-Filter. Auch B-Vitamine sind wichtige Wirkstoffe für die Winterkosmetik.

HANDCREME

Zutaten

- » *7 g Jojobaöl*
- » *4 g Sanddornbutter*
- » *3 g Emulsan N*
- » *5 g Sheabutter*
- » *30 ml destilliertes Wasser*
- » *auch 2 ml Panthenol (aber dann ist es keine Bio-Kosmetik mehr, denn Panthenol wird synthetisch erzeugt)*
- » *3 ml Ringelblumenhydrosol*
- » *3 Tr. Vitamin E*
- » *2 ML Kamillenhydrosol*
- » *5 Tr. Rokonsal*
- » *7 Tr. äth. Fenchelöl*
- » *5 Tr. äth. Zitronenöl*

Zubereitung

Herstellung wie auf Seite 41 angegeben. Halten Sie sich an die Vorgangsweise bei der Creme-Herstellung.

HAND- UND FUSSCREME

ERWÄRMEND UND PFLEGEND

Zutaten

- » *24 g Maccadamianussöl*
- » *5 g Emulsan*
- » *30 ml Mäusedornhydrolat*
- » *30 ml destilliertes Wasser oder Rosmarinhydrolat*
- » *20 Tr. äth. schwarzes Pfefferöl*
- » *80 Tr. Mäusedornhydrosol*
- » *5 Tr. äth. Kamillenöl*
- » *6 Tr. äth. Palmarosaöl*
- » *5 Tr. äth. Ingweröl*
- » *2 Tr. äth. Zimtöl*
- » *10 Tr. Konservierung Rokonsal*
- » *2 ML Hagebuttenhydrosol*

Zubereitung - Anwendung

* Herstellung wie auf Seite 41 angegeben. Halten Sie sich an die Vorgangsweise bei der Creme-Herstellung.

* Die Creme wärmt Hände und Füße.

GETÖNTE TAGESCREME

Zutaten
» *19 g Brokkolisamenöl*
» *9 g Avocadoöl*
» *3 g Emulsan neu*
» *20 g Melissenhydrolat*
» *10 g Glycerin*
» *0,4 g Kastanienpulver (¼ ML)*
» *0,3 g rosa Heilerde (weniger als ¼ ML)*
» *3 g Zinkoxid*
» *3 Tr. Vitamin E*
» *5 Tr. Rokonsal*
» *5 Tr. äth. Lavendelöl*

Zubereitung
Herstellung wie auf Seite 41 angegeben. Halten Sie sich an die Vorgangsweise bei der Creme-Herstellung.

REICHHALTIGE NACHTCREME

Zutaten
» *4 g Montanov 68*
» *17 g Avocadoöl*
» *2,5 g Sheabutter*
» *30 g Schachtelhalmhydrolat*
» *2,5 ml Gurkenhydrosol (Gurken in Bio-Glycerin ausgezogen)*
» *3 Tr. Vitamin E*
» *3 Tr. Sanddorn-Fruchtfleischöl*
» *5 Tr. Rokonsal*
» *3 Tr. äth. Palmarosaöl*
» *2 Tr. äth. Geranienöl*
» *2 Tr. äth. Weihrauchöl*
» *2 Tr. äth. Grapefruitöl*

Bei den ätherischen Ölen ist auch eine Mischung nach eigenen Vorlieben möglich.

Zubereitung
Herstellung wie auf Seite 41 angegeben. Halten Sie sich an die Vorgangsweise bei der Creme-Herstellung.

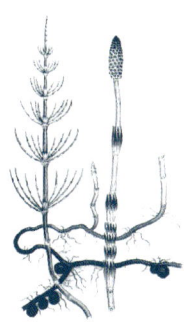

GEL FÜR ZWISCHENDURCH

UNTER DIE TÄGLICHE PFLEGE UND FÜR DIE AUGENPARTIE

Zutaten

» *5 ml Aloegel*
» *4 ml Augentrosthydrolat*
» *10 Tr. Hyalurongel flüssig*
» *3 Tr. Sanddorn-Fruchtfleischöl*
» *3 Tr. Granatapfel-Kernöl*
» *3 Tr. Rokonsal oder Biokons*
» *2 Tr. äth. Elemiöl*
» *2 Tr. äth. Weihrauchöl*

Zubereitung

* Alles gründlich verrühren und verschütteln.
* In eine 10-ml-Roll-on-Flasche füllen. Die Behälter sind praktisch für die Handtasche und leicht zu verwenden.
* Man erfrischt damit müde Haut und gibt das Gel täglich unter Tages- und Nachtpflege und um die Augen.

BODYLOTION

Zutaten

» *4 ML Mandelöl*
» *3 ML Emulsan*
» *2 ML (=5 g) Sheabutter*
» *70 ml destilliertesWasser*
» *je 1 ML Rosenhydrsol + Hagebuttenhydrosol + Malvenhydrosol*
» *3 Tr. Sanddorn-Fruchtfleischöl*
» *8 Tr. ACE*
» *10 Tr. Zinnkrauthydrosol*
» *8 Tr. Rokonsal*
» *8 Tr. äth. Tangerinenöl*
» *8 Tr. äth. Grapefruitöl (oder Rose und Ho-Scho)*

Zubereitung

Herstellung wie auf Seite 41 angegeben. Halten Sie sich an die Vorgangsweise bei der Creme-Herstellung.

FLÜSSIGSEIFE

FÜR STRAPAZIERTE HÄNDE UND ZUR DEZINFEKTION IN GRIPPEZEITEN

Zutaten
» *250 ml fertige Flüssigseife (Kastilienbasis)*
» *2–5 g Shea- oder Sanddornbutter oder Mandel-, Aprikosen-, oder Granatapfelöl*
» *2 ML (=5 g) Zitronenschalenmehl*
» *5 g Biolecithin oder Lecithin super*
» *20 Tr. ätherische Öle (Zitrone, Fenchel, Grapefruit, Tangerine, Orange)*
» *Farbstoff aus Mineralien, wenn gewünscht*

Zubereitung
* Butter schmelzen und etwas abkühlen lassen.
* Zitronenschalenmehl in etwas destilliertem Wasser auflösen.
* Alle Zutaten gründlich vermischen und in einen Spender füllen.
* Sollten Sie dickere Texturen bevorzugen, geben Sie ½ TL Speisesalz dazu und warten 1 ½ Tage. Immer wieder schütteln.

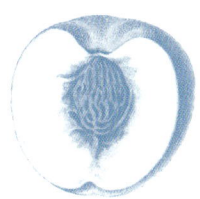

Butter kann durch nichts ersetzt werden

Mischen sie Pflanzenbutter und Pflanzenöl 50:50. Butter aufschlagen, Öl und Wirkstoffe langsam dazurühren.

Gute Kombinationen für gereizte, trockene, schuppige, gerötete Haut:
Arganöl, Avocadoöl, Weizenkeimöl, Nachtkerzenöl, Aloeöl, Kamillenöl, Calendulaöl mit Sheabutter, Kokosbutter, Mangobutter, Olivenbutter oder ganz besonders wertvoll, Avocadobutter.

Gute Kombinationen bei fetter Haut und Mischhaut:
Mandelöl, Chiaöl, Maccadamianussöl mit Allantoin, Vitamin E, Q10 und Hyalurongel. Als Wirkstoffe ätherische Öle von Rose, Vanille, Kamille, Palmarosa, Ylang-Ylang, Rosenholz, Ho-Scho.

Bei Rötungen im Gesicht:
Maccadamianussöl, Mäusedornhydrosol, ätherische Öle aus Cistrose und Zypresse.

BUTTER BEI KÄLTE UND ÜBERHEIZTEN RÄUMEN

Zutaten

- » *40 g Sheabutter*
- » *15 g Monoibutter/öl*
- » *15 g Vanilleöl (Mazerat in Jojobaöl)*
- » *30 ml Sesamöl*
- » *20 Tr. Vanillehydrosol*
- » *5 Tr. Vitamin E*
- » *5 Tr. äth. Vanilleöl*

Zubereitung

- * Butter aufschlagen, Öl langsam unterrühren, Wirkstoffe einarbeiten.
- * Durch die Düfte wirkt diese Butter erwärmend, aber auch sehr pflegend.

RAUMDESINFEKTION ODER BRUSTBALSAM

BEI ERKÄLTUNG, SCHNUPFEN UND LAUFENDER NASE

Zutaten

- » *35 Tr. Euklyptustinktur*
- » *50 Tr. Latschentinktur*
- » *20 Tr. ätherisches Pfefferminzöl*
- » *10 Tr. äth. Zimtöl*
- » *20 Tr. äth. Majoranöl*

Zubereitung Raumspray

Alle Zutaten vermengen und mit destillierten Wasser in eine 100-ml-Sprayflasche füllen.

Zubereitung Brustbalsam

- * Alle Zutaten gründlich vermengen und mit 50 ml Ringelblumenöl mischen.
- * Als Emulgator eventuell 1 ML Fluidlecithin super dazu geben.
- * Abfüllen und bei Bedarf den oberen Brust- und Rückenbereich einreiben.
- * Eventuell in einen Roll-on geben, dann kann man die Mischung in der Handtasche tragen und unterwegs daran riechen oder sich einreiben.

DAS STACHELIGE WUNDER

Sanddorn

Ich liebe den Sanddorn mit seinen sperrigen Zweigen und den orangeroten Früchten. Er ist reich an Carotinoiden, den Vitaminen E und D, Flavonoiden, Mineralien, gesättigten und ungesättigten Fettsäuren (Omega-3 und Omega-6) und Palmitoleinsäure (Omega-7).

Sanddorn beinhaltet eine einzigartige Kombination von Eigenschaften und wird vor allem in der Kosmetik geschätzt. Er wirkt zellregenerierend, entzündungshemmend und antioxidativ.

Auszüge und Öle aus Sanddorn eignen sich für geschädigte, trockene, reife Haut, bei vorzeitiger Alterung, nach viel Sonne und verlängern die Dauer der Bräune. Man setzt ihn bei Strahlenschäden, Akne, Ekzemen, Allergien, Pigmentschäden, Altersflecken und Vitiligo ein. Jeder müden, fahlen Haut gibt er einen schönen Bronzeton.

Einige Tropfen Sanddorn-Fruchtfleischöl kann man in jede Fertigkosmetik mischen, und zwar in Cremes, Gele, Haarshampoos oder Duschgels. Sie werden von der Aufwertung der Qualität der Pflegemittel überrascht sein. Sanddornbutter passt in Seifen und als Überfettung in Körperbutter und Badekugeln.

Innerlich nimmt man den Sanddorn nur sparsam, meist als kaltgerührte Marmelade oder Saft ein. Schon 1 Teelöffel täglich stärkt die Immunabwehr und hilft der Haut von innen. Sie wird weich und samtig glatt. In der TCM nimmt man den Sanddorn zur Sanierung der Schleimhäute im Mund-Rachenraum, Magen-Darm-Bereich, Genital- und Blasenraum, bei Wunden und der empfindlichen Babyhaut, bei brüchigen Nägeln und Haaren, Rosacea, Venenentzündung, Hämorrhoiden und schweren Beinen.

In Tibet war Sanddorn das „Herzblut des Kaisers" und ist heute noch hoch geschätzt. Er kann wertvoller Zusatz in Müslis, Suppen, Desserts und Rohkost sein, selbst Tees gewinnen an Heilwirkung.

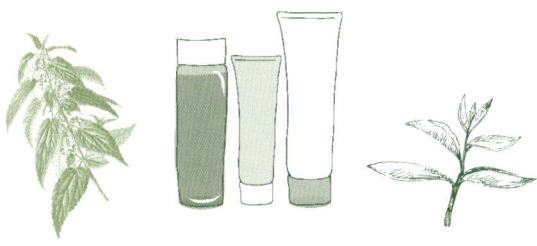

HAARPFLEGE

Dichtes, glänzendes Haar

Schönes, dichtes, glänzendes Haar wünscht sich jede Frau und man kann von innen und außen etwas dafür tun. Öfters im Jahr kuren und dann aufbauen mit frischen Kräutern, Gemüse, Obst, Nüssen und Vollkorn stehen an vorderster Stelle. Besonders Haare zeigen Ernährungsfehler sehr schnell an.

Bei der Pflege sollte man möglichst „Chemie" vermeiden. Die Inhaltsstoffe der gängigen Pflegemittel sind im wahrsten Sinn des Wortes „haarsträubend". Die Haare auch nicht zu oft „verbiegen", mit Dauerwellen und Glätteisen.

Meistens passen sie so, wie sie von Natur aus sind, am besten zu uns. Färben oder tönen kann man heute mit Pflanzenfarben, es gibt immer mehr natürliche Produkte auf dem Markt.

Bei der Reinigung sollte man auf milde Waschsubstanzen achten. Schon bei den Reinigern habe ich die Fertigbasen erwähnt, die in kbA-Qualität erhältlich sind. KbA bedeutet: kontrolliert biologischer Anbau.

Die Fertigbasen lassen sich sehr einfach zu wertvollen Shampoos und Conditionern verarbeiten und ganz nach eigenen Bedürfnissen aufpeppen.

GUTES HAARWASSER SELBST ZUBEREITEN

In 40 %igem Korn, Wodka oder Obstschnaps Brennnesseln (auch Wurzeln), Birke, Klettenwurzel, Buxbaum und Rosmarin ansetzen. Dazu die Pflanzen zerkleinern und ein Glas zu ¾ damit füllen. Mit dem Alkohol bedecken und mindestens 6 Wochen stehen lassen. Dann abfiltern und mit der gleichen Menge Rosenwasser verdünnen. Man kann durch die Zugabe der betreffenden ätherischen Öle die Wirkungen noch erhöhen.

HAARPACKUNG

BEI STRAPAZIERTEN, STUMPFEN HAAREN

Zutaten

- » *1 Eigelb*
- » *2 TL Rizinusöl*
- » *1 TL Honig*
- » *1 TL Milchpulver oder Frischmilch*
- » *1 TL Haaressig*
- » *2 Tr. äth. Sandelholzöl*
- » *2 Tr. äth. Muskatellersalbeiöl*

Zubereitung

* Alle Zutaten vermengen.
* Dann Sandelholz und Muskatellersalbei dazu geben.

Anwendung

In die Kopfhaut massieren, Haare damit kneten, mit einem warmen Tuch umwickeln und mind. ½ Stunde einwirken lassen, auswaschen.

HAARPACKUNG

FÜR TROCKENE, STRAPAZIERTE, GLANZLOSE HAARE

Zutaten

- » *50 ml Jojobaöl*
- » *50 ml Rizinusöl*
- » *50 ml Paranussöl*
- » *50 ml Traubenkernöl*
- » *10 Tr. äth. Ylang-Ylangöl*
- » *10 Tr. äth. Lavendelöl*
- » *10 Tr. äth. Geranienöl*
- » *10 Tr. äth. Zitronenöl*

Zubereitung - Anwendung

* Die Öle miteinander vermischen.
* In die Kopfhaut und die Haare kneten, mit einem warmen Tuch umwickeln und ½ Stunde einwirken lassen. Auswaschen.

Haltbarkeit

Diese Mischung kann man auf Vorrat herstellen, sie hält ca. 1 Jahr.

HAARPACKUNG

FÜR LOCKIGES, UNKÄMMBARES HAAR

Zutaten

- » 30 ml Jojobaöl
- » 15 ml Rizinusöl
- » 15 ml Abessinienöl
- » 8 Tr. äth. Rosenholzöl
- » 20 Tr. äth. Sandelholz-Öl

Zubereitung - Anwendung

* Alle Öle mischen
* Ins feuchte Haar geben, von den Spitzen bis zum Haarboden. ½ Stunde einwirken lassen, dann auswaschen.
* Die Haare werden kämmbar und weicher.

Haltbarkeit

Hält mindestens 1 Jahr.

Mein Tipp

Immer 1 bis 2 EL Haaressig ins letzte Spülwasser geben. Haaressig kann sehr leicht selbst hergestellt werden, indem man geeignete Pflanzen in eine Flasche füllt und mit Bio-Apfelessig übergießt, bis sie bedeckt sind. Den Essig 6 Wochen ziehen lassen, dann ist er fertig (und kann auch in der Küche eingesetzt werden, wenn essbare Pflanzen verwendet wurden).

KURPACKUNG

FÜR JEDES HAAR

Zutaten

- » 1 El Rizinusöl
- » 1 EL Olivenöl
- » 1 EL Jojobaöl
- » 10 Tr. äth. Lavendelöl
- » 5 Tr. äth. Karottensamen-Öl
- » 5 Tr. äth. Muskatellersalbei-Öl

Zubereitung - Anwendung

* Alle Zutaten gründlich vermischen.
* Eine Packung auf Kopfhaut und Haare machen, ein warmes Tuch um den Kopf schlingen und mindestens ½ Stunde einwirken lassen. Mit einem sanften Shampoo waschen.

BALSAM

FÜR TROCKENE SPITZEN

Zutaten

- » 5 g Monoiöl
- » 20 ml Brokkolisamen-Öl
- » 3 Tr. Vitamin E
- » 10 Tr. Seidenprotein

Zubereitung

* Alle Zutaten gründlich vermischen und in eine Dosierungsflasche geben.
* Wenig davon in die feuchten Haarspitzen einmassieren. Nicht ausspülen.

HAARWASSER

Zutaten

» 95 ml Pflanzenhydrolat aus
  Brennnessel, Birke oder Klette
» 4 ml eines alkohol. Pflanzenauszuges
» 50 Tr. Blütenessig oder Haaressig
» 10 Tr. Vitamin-D-Panthenol

Zubereitung

Alle Zutaten gründlich vermischen
und in eine Dosierungsflasche geben.

Haltbarkeit - Anwendung

Die Halbarkeit beträgt ca. ½ Jahr. Das
Haarwasser ist täglich anzuwenden.

TIPP

Mein Tipp für fette Haare

*Meist hängt es mit einem Hormonungleichgewicht zusammen, wenn die Haare zu
schnell nachfetten. Dies betrifft oft Jugendliche und Frauen in der Menopause. Fette
Haare können aber auch von Ernährungsfehlern, Stress und Umwelteinflüssen kommen, nicht zuletzt durch zu heißen Fön und auslaugende Reinigungsmittel. Verwenden Sie keine Silikone und Conditioner. Achten Sie auf kalte Spülungen und milde
Shampoos.*

SHAMPOO-HERSTELLUNG

in 10 Arbeitsschritten

01 Zutaten vorbereiten **02** Tensid-Mischung in den Topf geben
03 Öl sanft in die Tensid-Mischung unterheben **»**

SHAMPOO-HERSTELLUNG

in 10 *Arbeitsschritten*

04 Die Konsistenz verändert sich dadurch **05** Tinkturen werden beigefügt **06** Wirkstoffe eintropfen **07** Mit ätherischen Ölen beduften »

SHAMPOO-HERSTELLUNG

in 10 *Arbeitsschritten*

08 Passendes Pflanzenpulver einrühren **09** Verschiedene Farben und Wirkungen sind damit möglich **10** In passende Flaschen abfüllen.

SHAMPOO-BASIS

GRUNDREZEPT

Zutaten

» *150 ml destilliertes Wasser oder ein Hydrolat*
   aus Brennnessel, Birke, Klettenwurzel oder Rosmarin
» *20 ml Kokosglukosid*
» *20 ml Kastilienbasis*
» *2 Msp. Sanfteen*
» *10 Tr. Rokonsal (Konservierung)*
   oder 15–20 ml alkoholischer Extrakt

Zubereitung

* Alle Zutaten gründlich vermengen. Wenn kein Hydrolat zur Verfügung steht, kann man einen starken Tee aus den angegebenen Kräutern kochen und stattdessen unter die Flüssigseife (Kastilienbasis) rühren.

* Wird Tee verwendet, so hält die Basis nicht so lange, höchstens 1 bis 2 Monate, je nach dem, was Sie an Zusätzen (Alkoholextrakten) dazugeben.

Mein Tipp

Das Rezept kann mit Extrakten, Pulvern und ätherischen Ölen nach den Bedürfnissen der Haare verfeinert werden.

SHAMPOO

**BEI FETTEN HAAREN
UND SCHUPPEN**

Zutaten
» *100 ml Basisshampoo*
» *5 g Brennesselpulver (die Farbe ist nicht
  sehr ansprechend, dafür die Wirkung)*
» *20 Tr. Milchsäure*
» *2 ML Arnikatinktur*
» *3 ML gelbe Heilerde*
» *10 Tr. äth. Zitronenöl*
» *6 Tr. äth. Zedernöl*
» *5 Tr. äth. Lorbeeröl*

Zubereitung – Anwendung
* Alle Zutaten gründlich vermischen
  und in ein Schraubglas füllen. Die
  Heilerde vorweg in wenig destilliertem Wasser lösen. Vor Gebrauch
  aufrühren (nicht schütteln).
* Shampoo in Haar und Kopfhaut
  einmassieren, einige Minuten wirken
  lassen.
* Nicht zu heiß auswaschen. In das
  letzte, kalte Spülwasser einen Schuss
  Kapuzinerkresse-Essig geben.

Mein Tipp
*Ätherisches Öl von Bergamotte und
Muskatellersalbei sind ebenfalls gute
Öle bei fetten Haaren.*

SHAMPOO

**BEI STUMPFEM HAAR,
DAS WENIG VOLUMEN HAT**

Zutaten
» *100 ml Basis*
» *20 Tr. Milchsäure*
» *20 Tr. Seidenprotein*
» *10 Tr. Klettenhydroglycerin*
» *10 Tr. äth. Rosenholzöl*
» *3 Tr. äth. Lemongras-Öl*

Zubereitung – Anwendung
* Alle Zutaten gründlich vermischen
  und in eine Dosierungsflasche geben.
* In Haar und Kopfhaut einmassieren
  und ein paar Minuten darauf belassen. Anschließend mit lauwarmem
  Wasser ausspülen und dem letzten
  Spülwasser einen Schuss Essig zufügen.

TROCKENSHAMPOO

Zutaten

- » *30 g Brennnesselpulver*
- » *20 g Iriswurzelpulver*
- » *10 g Birkenblätterpulver*
- » *20 g Maisstärke*
- » *12 g Sheaöl*
- » *20 Tr. äth. Palmarosaöl*

Zubereitung - Anwendung

- * Shea erwärmen mit dem ätherischen Öl mischen und schnell und gründlich unter den Pulveranteil rühren.
- * In Kopfhaut und Haaransatz massieren, einige Minuten einwirken lassen und den Rest ausbürsten. Eine gute Sache, wenn man sich auf Reisen die Haare nicht waschen kann.

SHAMPOO UND PFLEGE

FÜR NORMALE HAARE

Zutaten

- » *95 ml Basis*
  (Fertigprodukt oder selbstgemacht)
- » *5 ml Brokkolisamenöl*
- » *10 Tr. Rokonsal*
- » *5 ml Pflanzenextrakt (Brennnessel, Birke, Klette, Rosmarin, Brunnenkresse, Melisse, Salbei)*
- » *eventuell ½ ML Pflanzenpulver (für die Farbe)*

Zubereitung - Anwendung

- * Alle Zutaten gründlich vermischen und in eine Dosierungsflasche geben.
- * In Haar und Kopfhaut einmassieren und ein paar Minuten darauf belassen. Anschließend mit lauwarmem Wasser ausspülen und dem letzten Spülwasser einen Schuss Essig zufügen.

IQ-SHAMPOO

FÜR 1 HAARWÄSCHE

Zutaten

» *1 EL Traubenkernöl*
» *1 Eigelb*
» *½ Tasse Bier*
» *Saft ½ Zitrone*

Zubereitung - Anwendung

* Die Zutaten mischen und wie eine Packung auf die Haare geben, dann normal waschen.
* Der Geruch nach Bier verschwindet mit der Spülung. Das Haar wird wunderbar weich und seidig.
* Immer frisch zubereiten, man kann auch 5 Tropfen ätherisches Öl dazugeben, dann duftet das Haar besonders gut.
* Für jeden Haartyp geeignet.

SHAMPOO

BEI AUSGELAUGTEM HAAR (DAUERWELLE, FÄRBUNG)

Zutaten

» *90 ml Basis*
» *5 ml Traubenkernöl*
» *5 ml Avocadoöl*
» *½ ML (=1,25 g) Zitronensäure oder Saft einer Biozitrone*
» *½ ML (=1,25 g) Chlorophyllpulver*
» *5 Tr. Vitamin E*
» *10 Tr. Alpha Bisabolol*
» *15 Tr. äth. Lemongrasöl*

Zubereitung - Anwendung

* Alle Zutaten gründlich vermischen und in eine Dosierungsflasche geben.
* In Haar und Kopfhaut einmassieren und ein paar Minuten darauf belassen.
* Anschließend mit lauwarmem Wasser ausspülen und dem letzten Spülwasser einen Schuss Essig zufügen.

SHAMPOO

FÜR TROCKENES HAAR

Zutaten

- » *90 ml Basis*
- » *5 ml Brokkolisamen-Öl*
- » *5 ml Jojobaöl*
- » *10 Tr. Milchsäure*
- » *10 Tr. Seidenprotein*
- » *20 Tr. Nuratin*
- » *8 Tr. äth. Ylang-Ylangöl*

Zubereitung - Anwendung

- * Alle Zutaten gründlich vermischen und in eine Dosierungsflasche geben.
- * In Haar und Kopfhaut einmassieren und ein paar Minuten darauf belassen.
- * Anschließend mit lauwarmem Wasser ausspülen und dem letzten Spülwasser einen Schuss Essig zufügen.

SHAMPOO

BEI HAARAUSFALL

Zutaten

- » *90 ml Basis*
- » *10 ml Brennnessel-Wurzelöl (selbstgemacht)*
- » *40 Tr. Birkenextrakt*
- » *40 Tr. Klettenwurzel-Extrakt*
- » *40 Tr. Rosmarinextrakt*
- » *40 Tr. Buchsbaumextrakt*
- » *40 Tr. Lavendelextrakt (anstatt der Extrakte können auch Hydrosole genommen werden)*
- » *10 Tr. äth. Canangaöl*
- » *5 Tr. äth. Zedernöl*
- » *5 Tr. äth. Ylang-Ylangöl*

Zubereitung - Anwendung

- * Alle Zutaten gründlich vermischen und in eine Dosierungsflasche geben.
- * In Haar und Kopfhaut gut einmassieren und ein paar Minuten einwirken lassen.
- * Anschließend mit lauwarmem Wasser ausspülen und dem letzten Spülwasser einen Schuss Essig zufügen.

MASSAGEÖL

BEI HAARAUSFALL

Zutaten
- » *10 ml Jojobaöl*
- » *30 ml Rosmarinhydrolat*
- » *2 ML Lecithin super*
- » *10 Tr. äth. Thymianöl*
- » *10 Tr. äth. Lavendelöl*
- » *10 Tr. äth. Canangaöl*
- » *10 Tr. äth. Grapefruitöl*
- » *10 Tr. äth. Muskatellersalbei-Öl*

Zubereitung - Anwendung
- * Öle und Hydrolat vermischen und in eine Flasche füllen.
- * Damit täglich die Kopfhaut (oder betroffene Stellen) massieren und einwirken lassen. Dabei ein warmes Tuch um den Kopf wickeln. Mit einem sanften Shampoo waschen.

ÖLMISCHUNG FÜR FERTIG-SHAMPOOS

BEI HAARAUSFALL

Zutaten
- » *Klettenwurzeln*
- » *Brennnesselwurzeln*
- » *Öl*

Zubereitung
- * Kletten- oder Brennnesselwurzeln zerkleinern und in ein Glas füllen.
- * Mit einem guten Öl bedecken und mindestens 6 Wochen ziehen lassen.
- * Mit einem Tuch abdecken.

ÖLMISCHUNG FÜR FERTIG-SHAMPOOS

NORMALES HAAR

Zutaten

» *5 ml Argenöl*
» *20 Tr. äth. Zedernöl*
» *20 Tr. äth. Ho-Schoöl*
» *20 Tr. äth. Rosmarinöl*
» *30 Tr. äth. Zitronenöl*
» *10 Tr. äth. Mastixöl*
» *10 Tr. äth. Ylang-Ylangöl*

Zubereitung - Anwendung

* Alle Zutaten gründlich vermischen und in einer Flasche kühl aufbewahren. Vor Gebrauch aufschütteln.
* Beim Haare waschen benötigt man eine etwa nussgroße Menge Shampoo. In diese Menge (gleich auf der Handfläche!) mengt man 3 bis 5 Tropfen der Ölmischung.
* Dadurch wird die Haarwäsche gleichzeitig zur Pflege und die Austrocknung des Haares wird verhindert.

ANTILÄUSESHAMPOO

AUCH ZUR PRÄVENTION

Zutaten

» *250 ml Haarshampoo-Basis (Fertigprodukt)*
» *20 ml Neemöl (auch Niemöl genannt)*
» *30 Tr. äth. Lavendelöl*
» *10 Tr. äth. Teebaumöl*

Zubereitung und Anwendung

* Alles gut mischen. Produkte, die eine fertige Waschbasis enthalten, nicht schütteln, es ensteht sonst Schaum.
* Haare schon damit waschen, wenn die Gefahr einer Läuse-Übertragung besteht.

ANTI-LÄUSE-SPRAY

Zutaten

» *90 ml Lavendelhydrolat oder Lavendelwasser (= starker Tee)*
» *5 ml kosmetisches Basiswasser oder Haarwasser*
» *15 Tr. äth. Geraniumöl*
» *15 Tr. äth. Lavendelöl*
» *20 Tr. äth. Grapefruitkern-Öl*

Zubereitung und Anwendung

* Alles in einer Braunglasflasche mischen.

* Sprayaufsatz daraufgeben und hinter den Ohren und am Haaransatz im Nacken öfters aufsprühen, um ein Ansiedeln der unwillkommenen Tierchen zu verhindern.

Ätherische Öle für die Haarpflege

Haarausfall, mehr Haarwuchs

Rosmarin, Rosenholz, Ho-Scho, Zeder, Zitrone, Mastix, Cananga, Ylang-Ylang, Lavendel, Narde, Grapefruit, Muskatellersalbei, Karottensamen, Patchouli, Thymian, Salbei, Wacholder, Teebaum

Haarpflegend, allgemein

Palmarosa, Lavendel, Rosmarin, Zitrone, Schafgarbe, Ylang-Ylang, Zeder, Zypresse

Schuppen, fette Haare, juckende Kopfhaut

Anis, Kümmel, Fenchel, Hopfen, Kigelia, Pfefferminze, Karotte, Geranium, Kampfer

Trockene Haare

Ylang-Ylang, Geranie,Palmarosa, Rosenholz, Lemongras, Grapefruit, Lavendel

Reinigung der Haare mit Seife - Feste Shampoos

Für die Reinigung der Haare gibt es eine hervorragende Seife. Sie entsteht aus Brennnessel, Birke und Klette, ist kaltverseift mit pflanzlichen Buttern und Ölen, mit ätherischem Rosmarin- und Zitronenöl. Vor allem bei fettem Haar gibt es sehr gute Erfahrungswerte.

Immer, ob daheim oder unterwegs, beim Campen oder Wandern, ein Stück gute Seife ist für die gesunde Reinigung von oben bis unten bequem.

Die festen Haarseifen sind beliebt bei Jung und Alt und lassen sich beliebig mit Wirkstoffen anreichern und dem Haar anpassen – durch unterschiedliche Öle, unterschiedlichen Pflanzenbutter, mit Pflanzenpulvern oder ätherischen Ölen.

Wer also die Möglichkeit dazu hat: Besorgen Sie sich kaltverseifte Seife aus den geschilderten Zutaten – Sie werden die Seife lieben.

FESTES SHAMPOO

GLANZ UND PFLEGE

Zutaten

- » *150 g Sodium Coco Sulfat-SCS*
- » *100 g Sodium Coco Isotheat-SCI*
- » *30 g Kokosbutter duftend (geschmolzen)*
- » *5 g Monoibutter (geschmolzen)*
- » *ca. 30 g abgekochtes Wasser*
- » *80 Tr. Seidenprotein*
- » *30 Tr. äth. Ylang-Ylangöl*
- » *20 Tr. Geraniumöl*

Zubereitung

- * Bei diesem Rezept muss man zügig arbeiten, die Masse wird schnell fest.
- * Alle Zutaten abmischen und so viel Flüssigkeit (Wasser) dazu geben, dass die Masse bindet und zusammenhält.
- * Sie muss sich wie nasser Sand anfühlen.
- * In kleine Kuchenformen (aus Silikon) drücken oder Kugeln formen.

Anwendung

1 mal einschäumen genügt, ins letzte Spülwasser 2–3 EL Haaressig geben.

FESTES SHAMPOO

BEI DÜNNEN HAAREN

Zutaten

- » *150 g Sodium Coco Sulfat-SCS*
- » *100 g Sodium Coco Isotheat-SCI*
- » *40 g Murumuru Butter (geschmolzen)*
- » *2 ML Urucumpulver*
- » *70 Tr. Seidenprotein*
- » *50 Tr. Nuratin*
- » *30 g Wasser*
- » *je 15 Tr. äth. Lavendel- und Rosenöl*
- » *10 Tr. Thymianöl*
- » *5 Tr. Zedernöl*

Zubereitung – Anwendung

siehe Rezept links Festes Shampoo für Glanz und Plege

SALBEN

Früher wurden Salbenrezepte von Großmutter zu Mutter, von Heilerin zu Heiler weitergereicht. Man benötigte die Salben, um große und kleine Wehwehchen zu behandeln.

Klassische Rheumasalben, Salben für Gelenksschmerzen, Erkältungssalben und vieles mehr erhält man in den Apotheken und manchmal von einer Freundin. Der Unterschied zu den Cremes ist offensichtlich: Salben enthalten selten Wasser, sind ohne Konservierungsstoffe hergestellt und enthalten spezielle, heilende Zutaten, meist aus Kräutern.

Die selbstgemachten Salben, in die bereits während der Zubereitung viel Liebe einfließen, sind besonders wirksam, im wahrsten Sinn des Wortes: Sie „bewirken" etwas.

GRUND-REZEPT

SALBEN

GRUNDREZEPT

Zutaten

» *250 g Oliven-, Raps- oder Sonnenblumenöl,*
  in Bio-Qualität (ca. 72%-Anteil)
» *30 g Lanolin (ca. 10%-Anteil)*
» *10 g Bienenwachs, bio (ca. 8 %)*
» *30 g Tinktur, aus selbst gesammelten Pflanzen und in*
  erstklassigem Ansatz ausgezogen (ca.10%-Anteil)

Statt Lanolin kann auch biologische Kakaobutter genommen werden.
Probe: Mit dem Kochlöffel einige Tropfen der heißen Salbe auf eine feste Unterlage
geben und fest werden lassen. Man sieht daran, ob die Salbe für die eigenen Bedürf-
nisse richtig ist.

Zubereitung

* Öl, Lanolin und Bienenwachs in ein Gefäß geben und im heißen Wasserbad
  so lange rühren, bis Wachs und Lanolin sich aufgelöst haben und mit dem Öl
  eine Verbindung eingegangen sind.
* Tinktur tropfenweise einrühren. Solange köcheln, bis man den Alkohol nicht
  mehr riecht.

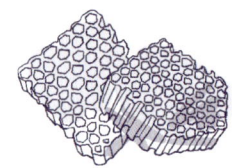

VENENBALSAM

Zutaten
Grundrezept
» *30 g Rosskastanien-, Steinkleetinktur*
  und rote Weinlaubtinktur
» *10 Tr. äth. Grapefruitöl*
» *10 Tr. äth. Zedernöl*

Anwendungen
Bei geschwollenen Knöcheln, Krampfadern, schweren Beinen, Wadenkrämp-
fen und allgemeiner Bindegewebsschwä-
che.

GELENKSBALSAM

Zutaten
Grundrezept
» *30 g Franzbranntwein (selbstgemacht*
  aus Nadelsprösslingen, Rosmarin und
  Thymian in biologischem Korn ausziehen)
» *5 Tr. äth. Wintergrünöl*
» *5 Tr. äth. Speiklavendel-Öl*
» *5 Tr. Wacholderöl*

Anwendungen
Für Schmerzen im Bereich von Muskeln
und Gelenken.

SCHRUNDENBALSAM

Zutaten
Grundrezept
» *30 g Blutwurz-, Erdrauch-, Beinwell-,*
  Ringelblumen- und grüne Meerzwiebel-
  tinktur, auch Mischungen aus diesen
  Pflanzentinkturen
» *10 Tr. äth. Lavendelöl*
» *10 Tabletten Schüßler Salze Nr. 11*
  und Nr. 21

Zubereitung
Schüßler Salz im Mörser feinst zerklei-
nern, in der Tinktur auflösen und in die
Salbengrundlage einrühren.

Anwendungen
Bei Verhornungen an den Fußsohlen und
Fersen, wenn sich bereits Risse in der
Haut bilden. Auch für überstrapazierte
Hände oder Gelenke.

HÜHNERAUGENEX

Zutaten
Grundrezept
» *30 g Schöllkraut-, Thujen- und Wolfs-milchtinktur, Mischung oder einzeln*
» *10 Tr. äth. Teebaumöl*
» *10 Tr. äth. Lavendelöl*

Anwendungen
Ausschließlich für Hühneraugen
und verhornte Stellen.

WARZENBALSAM

Zutaten
Grundrezept
» *30 ml Mischung aus Thujen-und Schöllkrauttinktur*
» *5 Tr. äth. Teebaumöl*
» *5 Tr. äth. Limettenöl*

Anwendung
Bei Warzen aller Art.

SALBE GEGEN JUCKENDE HAUT

Zutaten
Grundrezept
» *30 ml Mischung aus Walnuss-, Stiefmüt-terchen-, Vogelmiere- und bittersüßer Nachtschattentinktur*
» *10 Tr. äth. Öl aus Zeder, Myrrhe und Lavendel*

Anwendung
Bei juckender Haut.

SINUSITISBALSAM

Zutaten
Grundrezept
» *20 g Engelwurz-, je 5 g Majorantinktur und Thymiantinktur*
» *10 Tr. äth. Öl von Majoran und Thymian*

Anwendungen
Bei Nebenhöhlenentzündungen, Hals-entzündungen und Mandelproblemen.

BRONCHITISBALSAM

Zutaten
Grundrezept
» *30 ml Mischung aus Latschen-, Lärchen-,*
  Thymian- und Pfefferminztinktur,
» *10 Tr. äth. Öl aus Eukalyptus,*
  Speik und Zypresse

Anwendung
Bei Husten, Heiserkeit,
Erkältungssymptomen.

SEHNENBALSAM

Zutaten
Grundrezept
» *30 ml Mischung aus Beinwell-*
  und Salomonsiegeltinktur
» *10 Tr. ätherische Öle von Eukalyptus,*
  Latsche und 3 Tr. Wintergrün

Anwendung
Bei Überlastung der Sehnen, Sehnen-
scheidenentzündungen, Schulterschmer-
zen, Muskelkater

ARNIKABALSAM

Zutaten
Grundrezept
» *30 g Arnikatinktur*
» *10 Tr. äth. Öl von Rosmarin,*
  Majoran und Ingwer

Anwendung
Bei Prellungen, Quetschungen, Gelenks-
beschwerden, zur Schmerzlinderung,
Durchblutungsförderung und als Ent-
zündungshemmer. Nicht verwenden bei
einer Allergie gegen Korbblütler.

WUNDBALSAM

Zutaten
Grundrezept
» *30 g Mischung aus Beinwell-,*
  Ringelblumen- und Johanniskrauttinktur
» *10 Tr. äth. Lavendelöl*
» *1 ML Zinkoxid*

Anwendung
Bei aufgeschürften Knien und Ellbogen
der Kinder, bei Schürfverletzungen,
kleinen Wunden aller Art, zur Narben-
behandlung

KNOCHENHEIL

Zutaten
Grundrezept
» 30 ml Mischung aus Beinwelltinktur und Schachtelhalm-, Weidenrindentinktur
» 5 Tr. äth. Kampferöl
» 2 Tr. äth. intergrünöl
» 10 Tr. äth. Tannenöl

Anwendung
Nach Knochenbrüchen, Zerrungen und Verrenkungen, Bänderriss u.v.m.

FIEBERBLASENEX

Zutaten
Grundrezept
» 20 ml Braunwurztinktur
» 5 ml Melissentinktur
» 5 ml Echinaceatinktur
» 5 Tr. äth. Lavendelöl
» 5 Tr. äth. Bergamotteöl

Anwendung
Bei Fieberblasen aller Art.

LÄRCHENPECHBALSAM

Zutaten
» 600 g Olivenöl, bio
» 150 g Bienenwachs, bio
» 200 g Lärchenpech
» 25 ml Bernsteintinktur

Zubereitung – Anwendung
* Olivenöl, Wachs und Lärchenpech in einem Gefäß mischen und im heißen Wasserbad schmelzen lassen. Alles gründlich verrühren.
* Erst wenn die Masse etwas abgekühlt ist, die Tinktur zugeben.
* Desinfizierend und keimtötend bei eitrigen Wunden, bei Knochenhautentzündung, Nervenschmerzen, Sehnenscheidenentzündung, und vor allem Einreibemittel bei Bronchitis oder Husten (auf Brust und Rücken auftragen).

Info
Köchelt man die frischen Pflanzen aus, dann nur in Öl. Am besten über 2 Tage, d.h. den Topf abends an den Rand vom Herd stellen, am nächsten Tag weiter köcheln lassen. Dann abseihen und erst jetzt Bienenwachs, Lanolin oder Kakaobutter dazu geben. Vor dem Abfüllen eine Probe machen.

LYMPHBALSAM

Zutaten
Grundrezept
» *15 g Braunwurztinktur*
» *15 g Steinkleetinktur*
» *10 Tr. äth. Öl, Mischung*
  aus Fenchel, Kiefer und Mandarine

Anwendung
Bei geschwollenen Mandeln, Nachbe-
handlung nach Brustoperationen, bei
verhärteten Drüsen, bei Milchstau durch
verhärtete oder vereiterte Milchdrüsen,
bei harten Lymphdrüsen.

RINGELBLUMENBALSAM

Zutaten
Grundrezept
» *30 g Ringelblumentinktur*
» *5 Tr. äth. Schafgarbenöl*

Anwendungen
Für Wunden, Ekzeme, Krampfadern, offene Beine, bei Hautschäden durch Allergien und Aufkratzen, bei Fußpilz und
Nagelpilz.

TEES

für schöne, reine Haut

Tees waren und sind immer eine einfache Möglichkeit zu entgiften, was bei Hautschäden, oder müder Haut immer die erste Handlung sein sollte. Alles, womit unsere Organe nicht fertig werden, wird letztendlich an die Haut abgegeben und spätestens dann sollte man an Entgiftungen denken. Wichtig dabei ist viel zu trinken, um die gelösten Giftstoffe auch auszuleiten.

LEBER-GALLE-REINIGUNG

Zutaten

» *Löwenzahnkraut und -wurzel*
» *Mariendistelkraut und -samen,*
  (diesen immer erst zerstoßen)
» *Artischocke*
» *Meisterwurz*

Zubereitung

Zu gleichen Teilen mischen, 5 Minuten
leicht köcheln, 10 Minuten ziehen lassen,
3 Tassen täglich.

FÜR HAUT, LEBER UND STOFFWECHSEL

Zutaten

» *20 g Wundklee*
» *20 g Gänseblümchen*
» *20 g Ringelblume*
» *20 g Rose*
» *20 g Stiefmütterchen*

Zubereitung

Überbrühen, 7 Minuten ziehen,
3 Tassen täglich.

BLUT-UND LYMPHREINIGUNG

Zutaten

» *Bockshornklee*
» *Klettenlabkraut*
» *Gundelrebe*
» *Klettenwurzel*

Zubereitung

Zu gleichen Teilen, mit kochenden
Wasser überbrühen, 10 Minuten
Ziehen lassen, 3 Tassen täglich.

Oder

» *Walnuss*
» *Stiefmütterchen*
» *Braunwurz*

Zubereitung

Zu gleichen Teilen, mit kochenden
Wasser überbrühen, 10 Minuten
Ziehen lassen, 3 Tassen täglich.

Diese Reinigung sollte man
nie vergessen!

NIERENREINIGUNG

Zutaten

- » *Goldrute*
- » *Brennnessel*
- » *Birke*
- » *Löwenzahn*

Zubereitung

Zu gleichen Teilen, mit kochendem Wasser übergießen, 10 Minuten Ziehen, 3 Tassen täglich.

BINDEGEWEBSSTÄRKEND

Zutaten

- » *20 g Schachtelhalm*
- » *20 g Hohlzahn*
- » *20 g Brennnessel*
- » *20 g Borretsch*
- » *20 g kleb. Labkraut*

Zubereitung

- * Mischen, 20 Minuten köcheln, 10 Minuten ziehen lassen, 3 Tassen.
- * Teekuren sollten über 4–6 Wochen gehen und es sollten mind. 2 L Wasser dazugetrunken werden.

ZUR VERBESSERUNG DER HAUT

Zutaten

- » *Kletten*
- » *wilde Möhre*
- » *Kardenwurzel*

Zubereitung

Zu gleichen Teilen mischen, 10 Minuten kochen, 3 Tassen täglich.

Oder

- » *Stiefmütterchen*
- » *Erdrauch*
- » *Storchenschnabel*
- » *Klettenblätter*

Zubereitung

Zu gleichen Teilen mischen, mit kochendem Wasser überbrühen, 5 Minuten ziehen lassen, 3 x täglich.

Oder

- » *20 g Birkenblätter*
- » *20 g Gänseblümchen*
- » *20 g Walnussblätter*
- » *10 g Tausendguldenkraut*
- » *30 g Erdrauch*
- » *10 g Stiefmütterchen*

Zubereitung

Mischen, 1–2 TL für 250 ml Tee, überbrühen, 7 Minuten ziehen lassen, 3 Tassen täglich.

ÄTHERISCHE ÖLE

Gute Mischungen für Problemfälle

Ätherische Öle sind starke Drogen, deshalb sollte man nie zu viel davon in die Kosmetik, in Bäder, Cremes oder Reinigungsartikel einarbeiten. Weniger ist mehr! Vorsicht vor allem bei Kindern, Schwangeren, Stillenden und bei Epilepsie.

Die ätherischen Öle kann man in Butter, Salben, Cremes oder Gele, eigentlich in jedes kosmetische Produkt, einarbeiten. Wichtig ist die Menge!

Die Faustregel:
Für 10 ml fertiges Produkt
1 bis 2 Tropfen ätherisches Öl.

INFO

Wirkung Ätherischer Öle

Abnehmen
Rosmarin, Bitterorange, Fenchel, Grapefruit, Kardamom, Koriander, Mandarine, Orange, schwarzer Pfeffer, Wacholder, Zitrone, Christe Marine, Estragon

Akne
Kamille, Lavendel, Myrthe, Rosmarin, Salbei, Teebaum, Cananga, Niaouli

Brüste, straffe, Brustvergrößerung
Anis, Kümmel, Fenchel, Hopfen, Kigelia, Pfefferminze, Karotte, Geranium, Kampfer

Ekzeme
Lavendel, Majoran, Geranium, Rosmarin, Kamille

Haut, entzündet, gereizt
Schafgarbe, Imortelle, Teebaum, Ysop, Patchouli, Thymian, Lorbeer, Salbei, Angelika, Atlaszeder, Benzoe, Elemi, Narde, Jasmin, Kamille, Lavendel, Manuka, Muskatellersalbei, Myrrhe, Patchouli, Ringelblume, Rose

Haut, fett
Bergamotte, Cajeput, Cananga, Citronella, Fenchel, Geranium, Kampfer, Lavendel, Lemongras, Litsea-Cubeba, Mandarine, Mimose, Muskatellersalbei, Myrte, Niaouli, Palmarosa, Patchouli, Petitgrain, Rose, Rosmarin, Sandelholz, Teebaum, Thymian, Vetiver, Wacholder, Lorbeer, Ylang-Ylang, Zitrone, Zypresse

Haut, reif, faltig, trocken
Cistrose, Elemi, Fenchel, Galbanum, Geranie, Jasmin, Lavendel, Mandarine, Muskatellersalbei, Myrrhe, Narde, Neroli, Palmarosa, Patchouli, Rose, Rosenholz, Sandelholz, Ho-Scho, Linaloeholzöl, Weihrauch, Ylang-Ylang, Siamholz

Haut, trocken, empfindlich

Jasmin, Kamille, Lavendel, Lavandin, Rose, Rosenholz, Sandelholz, Speiklavendel, Tolubalsam, Weihrauch

Nervenstärkend, Hormonstärkend

Palmarosa, Basilikum, Thymian, Kamille, Lavendel, Majoran, Muskatellersalbei, Rosmarin, Wacholder, Mandarine, Majoran, Heublumenöl (stärkt den gesamten Organismus)

Pilzerkrankungen

Lavendel, Bergamotte, Geranium, Teebaum, Cananga, Palmarosa, Thymian, Zimtrinde, Gewürznelke, Fenchel, Basilikum, Petit-Grain, Zeder

Schuppenflechte

Kamille, Lavendel, Bergamotte, Cajeput, Manuka, Narde, Niaouli, Thymian, Zitronenverbene, Lavendel

Schweißfüße

Lavendel, Majoran, Myrrhe, Patchouli, Teebaum, Zypresse

Wassereinlagerungen

Petersilie, Bergbohnenkraut, Fenchel, Geranie, Grapefruit, Kiefer, Limette, Mandarine, Myrte, Zeder, Zitrone, Birke, Wacholder, Christe Marine

Wechseljahre

Muskatellersalbei, Salbei, Citronella, Kiefer, Lemongras, Litsea-Cubeba, Petitgrain, Zypresse

INHALTSSTOFFE VON PFLANZEN

und ihre Wirkung auf die Haut

Ätherische Öle sind starke Drogen, deshalb sollte man nie zu viel davon in die Kosmetik, in Bäder, Cremes oder Reinigungsartikel einarbeiten, weniger ist mehr, Vorsicht vor allem bei Kindern, Schwangeren, Stillenden und bei Epilepsie.

FETTE ÖLE, FETTE UND WACHSE

Öle bestehen aus drei Fettsäuren, die mit Glycerin verknüpft und unlöslich in Wasser sind. Je nach Gehalt ungesättigter Fettsäuren bezeichnet man sie als trocknend, halbtrocknend oder nichttrocknend. Nichttrocknend sind Öle mit geringem Anteil an ungesättigten Fettsäuren, wie Oliven-, Mandel-, Erdnuss-, Palm-, Avocadoöl und andere.

Halbtrocknend sind Öle mit mäßigem Anteil an ungesättigten Fettsäuren wie Raps-, Sonnenblumen-, Soja-, Sesam-, Baumwollsamenöl und andere.

Trocknende Öle haben einen hohen Anteil an ungesättigten Fettsäuren wie Mohn- und Leinöl und andere.

Fette haben einen ähnlichen Aufbau wie Öle, sind bei Raumtemperatur aber fest, wie Kokosfett, Shea-, Mango-, Kakao-, Avocado-, Olivenbutter und andere.

Wachse sind ebenfalls nicht in Wasser löslich und unterscheiden sich auch im Aufbau, sie können wie Jojobaöl flüssig, aber auch wie Carnaubawachs fest sein.

Fette Öle, Fette und Wachse bilden auf der Haut einen Schutzfilm, verbessern das Feuchthaltevermögen und die Geschmeidigkeit und schützen vor äußeren Einflüssen.

Viele Öle, wie Oliven-, Mandel-, Rizinus- und Sesamöl dringen tief in die Haut ein und verbessern damit zusätzlich ihre Geschmeidigkeit.

INFO

Inhaltsstoffe und Wirkung der Pflanzen

Flavonoide

Sie sind in der Natur weit verbreitet und zeigen eine beachtliche Vielfalt und Wirksamkeit. Vor allem sind sie Radikale-Fänger und stabilisieren die Blutgefäße. Rutin (in Buchweizen) und Hesperidin (in Orangen) sind wichtige isolierte Flavonoide in der Kosmetik. Flavonoidhaltige Drogen werden zur Vorbereitung auf die Sonne genommen und auch in Sonnenschutzmittel eingearbeitet.

Enthalten in: Weißdorn, Gingko, Birke, Brennnessel, Schlehdorn, Schachtelhalm, Mariendistel, Passionsblume, Holunder und Linde u.a.

Hyaluronsäure

Sie ist ein körpereigenen Stoff, ein spezieller Bestandteil des Augen-Glaskörpers (und nur dort bleibt sie uns voll erhalten), ein Schmiermittel in unseren Gelenken und ein wichtiger Baustein in der extrazellulären Matrix und im Bindegewebes der Haut. Leider nimmt der Anteil mit fortschreitendem Alter ab.

Hyaluronsäure bindet sehr viel Wasser und man braucht nur eine geringe Menge Pulver für viel Gel (Xanthan ist ähnlich). Sie bildet einen Film auf der Haut und kann auch pur aufgetragen werden, dann polstert sie die Fältchen am Faltengrund auf und der frische Eindruck hält lange an. Mit Xanthan gemeinsam entsteht eine optimale Synergie.

Auftragen, so oft man den Bedarf sieht, auch unter die Pflegecreme. Pur als Kur verwenden, immer dort, wo Feuchtigkeit gewünscht wird und notwendig ist, im Augen-, Hals- und Dekolettebereich.

Stimulieren kann man die körpereigene Hyaluronsynthese durch Soja-Extrakt (Phytohormone und Saponine), Rotklee-Extrakt (Phytohormone), kombiniert mit Mäusedorn-Extrakt (Saponine). Für mehr Hyaluron bei der Tee- und Tinkturauswahl auf Phytohormon- und Saponindrogen achten!

Den Hyaluronabbau hemmt: pflanzliches Pektin (enthalten im Apfel, etc.), Alginsäuren aus Braunalgen, Saponine aus Süßholzwurzel und Rosskastanienextrakt.

Kieselsäure

Sie ist besonders wichtig für Haut, Bindegewebe und Knochen, von innen wie von außen. Man braucht sie bei schlaffer, müder Haut, weichen Nägeln, Haarausfall, glanzlosem Haar und bei Cellulite.

Viel Kieselsäure gibt es im Schachtelhalm, vor allem in den ganz jungen Trieben. Aber auch in Hirse, in Raublattgewächsen wie Borretsch, Hohlzahn und Ochsenzunge, und in der Brennnessel.

Tees aus diesen Kräutern sollten 20 Minuten köcheln, damit die Kieselsäure gelöst werden kann. Auch Tinkturen, Fluids und Mazerate in einem Bio-Sonnenblumenöl kann man aus den oben genannten Kräutern herstellen. Sie sind gut bei Cellulite, Schwangerschaftsstreifen und schlaffer Haut. Verwenden Sie die Extrakte reichlich in Kosmetik für welke, reife, trockene Haut.

Lignane

Sie gehören zur Oberklasse der Phytohormone und sind Powerstoffe für die Wechseljahre und danach. Als Tee und in einer Creme tragen sie innerlich wie äußerlich zur Hautgesundheit bei.

Enthalten in: Taigawurzel, Gerste, Hafer, Hirse, Roggen, Weizen, Leinsamen, Buchweizen, Sonnenblumenkernen, Ginseng, Magnolie und Sesam. Tees und Kosmetik aus diesen Pflanzen nimmt man bei: Hitzewallungen, Rheuma in den Wechseljahren, Osteoporose, Gelenksentzündung, Asthma, bei Haarausfall und Akne.

Mineralien

Sie zählen zu den wichtigsten Pflanzeninhaltsstoffen und sind für den menschlichen Organismus essenziell. Knochen, Zähne, Haut, Lymphe und Blut brauchen Mineralien. Sie sind Bausteine für körpereigene Enzyme und Hormone, regulieren den Wasserhaushalt und aktivieren den Stoffwechsel. Vorhanden in Schafgarbe, Hafer, Sanddorn, Himbeeren, Holunder und Algen. Verwendung in Salben, Cremes, Wickel und Auflagen für „Knitterhaut", immer verbunden mit guten Ölen.

Phytohormone –
pflanzliche Östrogene –
Quellen ewiger Jugend

Phytohormone helfen uns, gut durch ein Frauenleben zu kommen, und lindern Beschwerden, die hormonabhängig sind, von der Pubertät bis ins hohe Alter. Sie unterstützen Haut und Schleimhäute und helfen bei seelischen und körperlichen Wehwehchen.

Enthalten in: Mönchspfeffer, Frauenmantel (ein Schutzmantel für die Frau), Pulsatilla (nur in homöophatischer Form), Traubensilberkerze (vor allem bei Stimmungslabilität), Granatapfel (hat Hormone, die mit den körpereigenen identisch sind und deshalb nebenwirkungsfrei bei Hormonmangel eingesetzt werden, Pflanze der ewigen Jugend in den arabischen Ländern).

Tinkturen aus den Kernen von Äpfeln, selber machen, angetrocknete Kerne in gutes Öl legen und in Cremes, Salben, Bäder geben.

Engelwurz, Basilikum, Beifuß, (Teekuren reinigen tiefgreifend das Hormonsystem) Damiana, Hopfen (soll die Brust vergrößern).

Rosmarin und Salbei (kurz ausgezogen hemmt er die Schweißproduktion, lang ausgezogen wirkt er schweißfördernd).

Sonnenblume (immer stimmungsaufhellend), Wolfstrappn (regt die Lymphe an), Yamswurzel (vor allem bei Gelbkörpermangel und Ersatz für das „Jugendhormon" dhea).

All diese Pflanzen helfen der Haut und werden in Form von Hydrolaten, Tinkturen, Fluids, Ölen oder Hydrosolen in Kosmetika, in Bädern, Auflagen und Wickeln verwendet.

Man achtet auf Phytohormone bei müder, schlaffer, trockener und durch Hormone geschädigter Haut, wie zum Beispiel bei Akne und Postakne.

Phytosterole

Sie sorgen für einen optimalen Feuchtigkeitshaushalt, wirken juckreizlindernd, entzündungshemmend (bei trockener Haut, Neurodermitis, Hautirritationen), schützen die Hautbarriere, wirken gegen Hautalterung, sind Hautstoffwechsel verbessernd und schützend. In der Kosmetik sind sie bedeutende Wirkstoffe, weil sie die Geschmeidigkeit der Haut erhöhen und deren Regenerationsfähigkeit fördern.

Enthalten in: Ginseng, Süßholzwurzel, Traubensilberkerze, Fenchel, Rotklee, Yamswurzel, Weintrauben, Sojabohnen, Petersilie, Vollkorn, Gelbwurzel, Brennnesselwurzel, Sägepalme.

Man nimmt Produkte aus diesen Pflanzen bei trockener, juckender, zu Falten neigender Haut.

Saponine

Dies sind seifenaktive Stoffe. Sie werden vielfach in Reinigungsprodukten verwendet, als Teedroge lassen sie andere Stoffe intensiver wirken. Sie sind wie Tenside oberflächenintensiv und wirken antimikrobiell, entzündungshemmend und schleimlösend.

Deshalb beeinflussen sie empfindliche Haut gut, ebenso das Bindegewebe, und werden zur Vorbeugung von Hautalterung und in Celluliteprodukten verwendet.

Enthalten in: Seifenkraut, Rosskastanie, schwarzem Tee, Efeublättern, Süßholzwurzel.

Schleimstoffe

Sie haben beruhigende, schützende und reizmildernde Eigenschaften, speichern Wasser, puffern Säuren oder Laugen ab und man kann damit ein natürliches Gel machen. Gele sind eine Wohltat für junge, fette Aknehaut, empfindliche und geschädigte Haut.

Enthalten in: Eibisch, Leinsamen, Isländisch Moos, Malven, Flohsamen, Quitte, Sonnenhut, Äpfel, Rüben (Pektine).

Senfölglycoside

Sie können Enzündungen und Blasenbildung auf der Haut verursachen, dies kann dazu genutzt werden, die Blutversorgung an bestimmten Stellen zu intensivieren, wenn Wärmeentwicklung erwünscht ist.

Sie sorgen für den Abtransport von Abfallstoffen, lindern Gelenksprobleme und reduzieren die Schildrüsenfunktion. In der Kosmetik werden Kressewasser-Hydrolate bei fahler, müder Haut verwendet, oder als Wasserphase in Aknekosmetika.

Enthalten in: Kreuzblütlern wie Meerrettich, Kressearten, Senf, Kohlgemüsen (Kohlwickeln).

Tannine, Gerbstoffe

Tannine sind Gerbstoffe mit viel Gallussäure. Sie wirken antiseptisch, entzündungshemmend, adstringierend, Blutzucker senkend, Immunsystem- und Herz-Kreislauf stärkend, haben eine Fäulnis hemmende Wirkung und sind antiviral. Einsetzbar bei Allergien, Verbrennungen, Entzündungen, Geschwüren, Wunden und Hautpilzen. Tannine wirken Hornhaut erweichend und sind deshalb bei Akne angebracht.

Für unreine, fette und Mischhaut, Prellungen, Verstauchungen, Blutergüsse, braune Flecken, Altershaut und ledrige Haut sind die erwähnten Pflanzen hilfreich.

Enthalten in: Rosskastanie, Rotwein, schwarzem und grünem Tee, Bier, Kakao, Brombeerblättern, Eiche, Kastanie, Akazie, Frauenmantel, Hamamelis, Weintrauben, Arnika.

Zucker

Jede Pflanze besitzt einen Zuckeranteil. Dieser ist entweder in Form von Pulver, Gel oder als Flüssigprodukt erhältlich. Zucker gelten in der Kosmetik als Feuchthaltemittel und sind in der Natur weit verbreitet. Vor allem aus Früchten werden immer mehr hauchfeine Pflanzenpulver angeboten. Ich verarbeite sie gerne in vielen Kosmetikas, in Cremes, Butter, Shampoo, Duschgels, Zahnpasta, Masken u.v.m.

Sie sind wirksame Inhaltsstoff-, Farb- und Geruchsgeber.

Enthalten in: Zuckerrohr und Zuckerrübe, Erdbeere, Himbeere, Cranberry, Heidelbeeren, Süßholz, Banane, Äpfel, Pflaumen, Mannaesche, Vogelbeere u.v.m.

HAUTSCHÄDEN

Durch falsche, ungenügende Vitalstoffernährung, Umweltbelastungen und Stress kommt es immer häufiger zu geschädigter Haut. Um dem am besten vorzubeugen, sollte man die Ernährung umstellen und äußere Bedingungen ändern. Die richtige Hautpflege kann auch dazu beitragen.

Vorerst alles, was belasten kann, entsorgen und mit einfacher Pflege beginnen. Die Reinigung muss sanft erfolgen. Wenn überhaupt, soll ein Peeling nur aus Heilerde und aufbauenden Stoffen bestehen - aus Enzymen und ganz feinen Samen. Je nach Hauttyp für Cremes oder Pflege natürliche Inhaltsstoffe wählen und konsequent in der Durchführung bleiben.

Es muss vom Arzt abgeklärt sein, was der Haut fehlt, erst dann können Sie unter den vielen Naturmitteln wählen und sich selbst ein Programm zusammenstellen. Die Haut zeigt schnell, was ihr Haut gut tut.

Akne

Eskimos hatten keine Akne, erst als die moderne Nahrung zu ihnen vordrang, mussten sie sich damit auseinandersetzen. Deshalb achten Sie in erster Linie auf die Nahrung:

Schlecht sind: Junk Food, Pommes frites oder zu viel raffiniertes Öl und Zucker. Milchprodukte einschränken, kohlensäurehaltige Getränke, Kaffee und Alkohol meiden. Nicht zu viele Zitrusfrüchte essen und auch wenig Samen und Nüsse.

Gut sind: Gekochtes Gemüse, Rohkost, Salate, Vollkorn und gute Öle mit essenziellen Fettsäuren. Nahrungszusätze wie Zink, Vitamin B6, Algen. 1 Joghurt und 1 Kiwi täglich, einige Kürbiskerne (Zink) und Selen.

GESICHTSWASSER

Zutaten
» *25 ml Hamamelis*
» *25 ml Orangenhydrolat*
» *50 ml Wacholderhydrolat*
  auch Tees aus den Pflanzen sind möglich
» *10 ml Hamamelistinktur*
» *grüne Heilerde*

Zubereitung
* Mit 1 EL grüner Heilerde und den Flüssigkeiten eine Paste mischen. Auf die befallenen Stellen auftragen.
* Oder mit den Flüssigkeiten ein Gel herstellen und auf Pickel oder auch das ganze Gesicht auftragen.

GEMÜSESAFT

3 Tage Gemüsesaftkur, wenn schnell eine Änderung eintreten soll

Zutaten
» *½ l Gemüsesaft*
» *2 Löwenzahnwurzeln (entsaftet)*
» *20 Tr. Echinaceae-Tinktur*
» *1 Hand voll Rotklee-Blüten (entsaftet)*

Zubereitung
In den fertigen Gemüsesaft kleine Mengen ausgepresste Kräuter und Tinktur einmengen. Immer frisch zubereiten.

Altersflecken

Leberentgiftung! Falsche Fette streichen, mehr Bewegung, Gewicht kontrollieren, Sonne dosieren, freie Radikale eindämmen. Fette lagern in Zellen, statt in der Leber. Hochwertige Nahrung zu sich nehmen (ballaststoffreich essen). Blut und Lymphe reinigen. Darm öffnen, Körper und Geist entlasten und das Immunsystem stärken. Vitamine E, A und Beta-Carotine verwenden, aber keine alten Nüsse (ranziges Fett). Wenig Fleisch essen, Milch, Kaffee, Alkohol, Zigaretten, weißes Mehl, Zucker und Chemikalien meiden.

Olivenöl anwärmen und in die Haut massieren. Anschließend Zitonensaft auftragen, dies öfters am Tag wiederholen. Häufiges sanftes Peeling aus Gurken, Zitrusfrüchten, Holunder, Süßholzwurzel, Bambuspulver und Zwiebeln ist hilfreich.

Dermatitis

Dermatitis ist häufig zyklusbedingt oder durch Stress, Lichtempfindlichkeit, Magen-Darm-Erkrankungen, Hormonschwankungen, Pilze (Candida), Kortisonbehandlungen, Medikamentenunverträglichkeit oder falsche Pflegeprodukte hervorgerufen. Die Haut kann nicht mehr selbst Fette und Lipide bilden, sie trocknet aus und schuppt. Zu viel Sonne, scharfes Essen, zu viel Kaffee oder Schwarztee sind hier Gift.

Nur mit Wasser reinigen, danach nicht fettende Lotionen, Gels mit Zink und Gerbstoffen verwenden. Natürliche Antibiotika (Meerrettich und Kapuzinerkresse, alle Kressen frisch essen), Zinkschüttelmixtur, Bio-Lecithin, natürliche Emulgatoren, Harnstoff, Aminosäuren, Hyaluronsäure, Aloe, Allantoin, D-Panthenol, Hamamelisauszüge und Kamille verwenden.

Falten

Wir bekommen sie alle, man kann sie aber mit Disziplin und Achtsamkeit hinauszögern, ihnen mit guter Pflege von innen und außen ein Schnippchen schlagen. Letztendlich spiegeln sie uns, unser Leben, unseren momentanen Zustand, unsere Einstellung, unser Gemüt wider.

Schadet: Zu viel Sonne, Solarium, Schweinefleisch, zu viel Omega-6, Weißmehl, Zucker, Nikotin, zu viel Alkohol und Kaffee, fettes Fleisch, Wurst, kandierte Früchte, gesüßte Getränke, künstliche Limonaden, Kochsalz in großen Mengen.

Neutral: Forelle, Scholle, Seelachs, Olivenöl, Butter, Vollkornprodukte, mageres Fleisch, Geflügel, Obst, Gemüse, ungesüßte Fruchtsäfte mit niedrigem antioxidativen Wert.

Gut für die Haut: Die Vitamine A, C, E, fetter Fisch (Makrele, Lachs, Hering), Omega-3, Leinöl, Walnussöl, Rapsöl, frische Nüsse, Wild, Obst, Gemüse, frische, ungesüßte Fruchtsäfte, Gewürze (Curcuma, Zimt, Ingwer), Kräuter (Salbei, Rosmarin, Löwenzahn, Stiefmütterchen, Gänseblümchen, Spitzwegerich, alle Kressen, Majoran, Alpenpflanzen, Vogelmiere, Petersilie, Knoblauch).

Ausreichend trinken, aber ohne Kohlensäure, genug Schlaf, auf gutes Kissen achten. Wenig, aber gesundes Essen, viel frische Luft, Bewegung, Gesichtsgymnastik. Auf gute Durchblutung achten, japanische Frauen reiben sich täglich mit Rundkornreis sanft das Gesicht.

Gesichtsbutter und planzliche Öle auf die Haut geben, Masken mit Avocados und anderen Früchten. Heilerden, bei Augenschwellungen – Gurkenscheiben, straffen mit Eiweiß, tiefe Porenreinigung mit Tomatensaft. Die gute Laune und innerlich zu lächeln, erhält dem Gesicht die Jugendlichkeit.

Haarausfall

Haarausfall beruht oft auf einem Mangel an ungesättigten Fettsäuren in der Nahrung. Auch Hormonschwankungen oder -abbau, Belastungen durch Schwermetalle, Allergien gegen manche Lebensmittel und die falsche Kosmetik können Haarausfall verursachen. Mangelnde Durchblutung der Kopfhaut und Übersäuerung des Gewebes sind ein weiterer Indikator.

Entgiften! Wenn der Hormonstatus abgeklärt ist und keine Auffälligkeiten zeigt, sollte man den Körper zuallererst entgiften. Dabei unterstützen eine Reihe von Pflanzen, die gleichzeitig Phytohormone enthalten.

Haferflocken (auch als Bad), Beinwell, Löwenzahn, Rotklee, Vogelmiere (das ganze Jahr über frisch verfügbar), Erdbeerblätter, Klettenwurzel, Rosmarin, Zirbelkiefer, Zedern, Lavendel, Zitrone, Koriander, Birke, Buchsbaum, Teebaum und Wegerich.

Aus jenen Pflanzen, die zur Verfügung stehen, bereitet man Haarwasser, mit dem man täglich 2-mal den Haarboden massiert. Außerdem verwendet man Auszüge dieser Pflanzen für Shampoos oder mischt die entsprechenden ätherischen Öle zu Haarpflegemitteln, auch zu Haarpackungen.

Die Durchblutung der Kopfhaut wird durch häufiges Bürsten mit einer Borstenbürste angeregt. Will man Haarwuchs und Haarqualität verbessern, sind Ausdauer und Geduld erforderlich.

Hände und Füße, rissig

Scharfe Reinigungsmittel und Wasser entfernen das Fett von den Händen. Bei den Füßen entsteht durch das Schwitzen in den Schuhen feuchtes Klima, das die Haut belastet.

Der Handrücken hat eine äußerst dünne Haut. Deshalb beim Händewaschen möglichst nur die Innenflächen mit Seife reinigen.

Der Gebrauch von Vinyl-Handschuhen verschlimmert das Problem.

Beim Geschirrspülen darauf achten, die Hände möglichst aus dem Wasser zu halten, deshalb Bürsten mit langem Stiel verwenden und auf Spülmittel verzichten. Zum Desinfizieren Seifen mit ätherischem Lemongras und Eukalyptusöl verwenden, das riecht herrlich und pflegt durch die Rückfettung Hände und Füße. Ein paar Tropfen Zitronensaft mit pflanzlichem Glycerin mischen, abends auf die angegriffene Haut auftragen. Baumwoll-Handschuhe oder Baumwollsocken darüberziehen.

EIN GUTER BALSAM

Zutaten

- » *25 g Ringelblumenöl*
- » *3,5 g Lanolin oder Kakaobutter*
- » *2 g Bienenwachs*
- » *1 g Blutwurztinktur*
- » *1 g Meerzwiebeltinktur*
- » *1 g Erdrauchtinktur*
- » *1 g Beinwelltinktur*
- » *5 Tr. äth. Teebaumöl*
- » *5 Tr. äth. Lavendelöl*
- » *5 Tr. äth. Weihrauchöl*
- » *5 Tr. Propolis*

Zubereitung

Wie Balsam (Anleitung auf Seite 54).

Hautausschläge

Schädliche Chemikalien, Sonne, Wind, Insekten, Alkohol, Reinigungsmittel, zu enge Kleidung, oder Nahrungsunverträglichkeiten können zu unschönen Hautausschlägen führen. Etwa 75% der Kinderausschläge entstehen durch den Genuss von Erdnüssen, Eiern oder Milch.

Schnelle Linderung bringt hier nur Wasser. Man taucht ein sauberes Tuch in kaltes Wasser, wringt es aus und legt das Tuch auf die betroffenen Stellen. Dies wiederholt man häufig. Noch besser für die Haut sind Beinwellauszüge oder Kalziumwasser, sie sind aber nicht immer sofort verfügbar. Waschungen mit Kamillentee (Vorsicht bei Allergie gegen Korbblütler) und Umschläge mit Löwenzahntee lindern Beschwerden.

Haut, trocken

Oft ist ein Mangel an essenziellen Fettsäuren daran schuld, wenn die Haut zu trocken wird. Gerade bei dieser Haut ist es wichtig, auf lockere Bekleidung aus natürlichen Fasern zu achten und jedes Kleidungsstück vor dem ersten Tragen zu waschen. Reichlich Wasser trinken bekommt allen inneren Organen gut, auch unserem größten Organ, der Haut. Vollbad oder Dusche sollten angenehme Temperaturen haben, zu heißes Wasser trocknet zusätzlich aus. Im Winter gehört die Luftbefeuchtung in überheizten Räumen zum Muss.

Diese Haut verträgt hochwertige Öle und nur selten die kommerziellen Lotionen, die üblicherweise in den Badezimmern stehen.

Weizenkeimöl, Sesamöl, Leinsamenöl, Sojaöl und Maiskeimöl sind für die Ernährung ideal und auch für die äußere Pflege.

Niemals ranziges Fett verwenden (auch nicht zum Ausbacken), es zerstört das Vitamin E, von dem man reichlich braucht, damit sich die Haut normalisiert. Häufig frischen Karottensaft trinken bringt langsamen Erfolg.

Die Reinigung sollte ausschließlich mit hochwertigen Seifen erfolgen oder mit einem guten Pflanzenöl.

Eine gute Ölreinigung: Etwas Hafermehl in Wasser geben und mit 2 EL Öl verrühren (Hafer beruhigt die Haut). Bei juckender Haut etwas Essig und etwas Öl einem Vollbad zufügen, auch Salzbäder sind ideal und helfen beim Entgiften.

Gute Pflanzen für trockene Haut sind Schafgarbe, Veilchen, Majoran, Malve, Eibisch, Beinwell und Zinnkraut.

Herpes

Die unangenehmen Bläschen entstehen häufig bei zu viel schlechtem Stress, nach zu zuckerreicher Nahrung, zu viel Sonne und Säure erzeugenden Lebensmitteln. Manchmal treten sie auf, wenn der Körper bereits durch Fieber oder Infekte beeinträchtigt ist und das Immunsystem gelitten hat. Bei Herpes sollte immer die Schilddrüsenfunktion überprüft werden.

Um das Immunsystem zu unterstützen, braucht der Körper die Vitamine A und E, außerdem den Vitamin-B-Komplex.

In Cremes und Balsame rührt man bei einem Herpesproblem Auszüge aus Melisse, Braunwurz, Echinacea, Goldnessel, Rotklee und Zink ein.

Körpergeruch

Jeder Mensch hat einen bestimmten Körpergeruch. Manche Menschen reagieren mit den Jahren auf synthetische Kleidung, hier hilft der Umstieg auf natürliche Fasern. Täglich frische Wäsche sollte eine Selbstverständlichkeit sein. Auch Stress ruft Körpergeruch hervor, vor allem aber die vielen Giftstoffe, die sich im Körper befinden.

Deshalb vor allem entgiften! Mit der Hilfe von Gemüsesäften, durch reichlich gesättigte Fettsäuren in der Nahrung und großzügiger Zink- und Vitaminzufuhr. Auch die anderen Mineralstoffe dürfen nicht zu kurz kommen, man erhält sie in der Regel durch eine ausgewogene, ballaststoffreiche Diät.

Tomatensaft ins Badewasser geben und 15 bis 30 Minuten darin liegen, vertreibt jeden Körpergeruch. Ebenso wirksam sind Bittersalzbäder. Kiefernseife- und Glycerinseife helfen dabei, lange gut zu duften.

Bei Fußgeruch empfehlen sich Fußbäder oder Kneipp-Anwendungen, abwechselnd kalt und warm. Natürliche Deos und Sprays selbst herstellen. Deos sollten vor allem keine Aluminiumsalze enthalten.

Schweißhemmende Pflanzen sind Salbei,
Rosmarin, Labkraut, Hamamelis (auch
unsere jungen Haselblätter), Eiche, Blut-
wurz, Muskatellersalbei und Ringelblume.

Lippen, rissig

Reichlich Wasser trinken und nicht dau-
ernd die Lippen befeuchten bekämpfen
das Übel. Reines Lecithin über Suppen
oder Salate geben, dabei etwas auf den
Lippen lassen, kann schnell helfen. Vitamin B2 und Bierhefe helfen der zarten,
rissigen Haut. Manchmal hilft bereits der
Wechsel zu einer anderen Zahnpasta,
denn manche Zahnpflegemittel trocknen
Lippenhaut enorm aus. Lippenpflege selber machen!

Erste Hilfe für unterwegs: *Mit den Zei-
gefingern neben der Nase reiben, das ab-
genommene Fett sofort auf die Lippen geben.*

Nesselausschlag

Bei Nesselaussschlag Verzicht auf alle
denaturierten Speisen, unter Umstän-
den Verzicht auf Milch und/oder Fleisch.
Immer frische Nahrung konsumieren,
aber keinesfalls Suchtmittel! Der Körper braucht eine Reinigungskur, mode-
rate Sonnenbäder und viel Flüssigkeit.
Manchmal sind die Auslöser für den
Ausschlag Antibiotika oder synthetische
Hormone. Auf gute Durchblutung achten.

Bei chronischer Nesselsucht sollte der
Darm überprüft werden.

*Weizenkeimöl und Leinöl sind für Küche
und für die Haut empfehlenswert.*

Schnelle Hilfe: *Kalte Umschläge, kühle
Bäder, Haferflocken, Kleieumschläge und
Bäder, Paste aus Weinstein, Calciumpaste.*

Poren, große, fette Haut

Man behandelt eine fette Haut mit großen Poren ähnlich wie die Akne-Haut. Sie hat einen entscheidenden Vorteil – sie bekommt viel weniger Falten und sieht länger jung aus. Nikotin in jedem Fall meiden und auf vitalstoffreiche Ernährung achten. Bewegung an der frischen Luft machen und die Kalorienbomben aus transgenen Fetten meiden.

Für Pflegemittel können alle adstringierenden Pflanzen mit Gerbstoffen verwendete werden.

Rosaceae

Die roten Flecken im Gesicht werden manchmal mit einem Vitamin-B-Komplex-Mangel in Verbindung gebracht, deshalb durch die Ernährung vorsorgen. Alkohol, Stress, Hitze, Kälte, intensive Sonnenbestrahlung, heiße Flüssigkeiten, scharfe Speisen – alle Extreme sind zu meiden!

Entgiften. Sanfte Pflege: *Vitamin K, D-Panthenol, Weihrauch, Kamille, Aloe, Mäusedorn, Echinaceae, Leinöl, Nachtkerzenöl, Vitamin A, Salicylsäure (in Weidenrinde und Mädesüß), Enzympeeling mit Ananas und Papaya, Heilfasten.*

Warzen

Warzen entstehen häufig durch Reibung (Kleidung, Zehen, Fußsohlen), meist sind sie gutartig. Warzen treten auch nach Infektionen, hormonellen Veränderungen, Mangel an den Vitaminen A und C und des Mineralstoffes Zink auf.

Deshalb auf vitalstoffreiche Ernährung achten, besonders viel Spargel, Zitrusfrüchte, Eier, Knoblauch (roh) und Zwiebel essen.

Kuren: Immer nur auf die Warze!
Knoblauchscheiben roh auflegen, über Nacht festkleben, 2- bis 3-mal, sie sollte abfallen.

Rizinusöl für 3 Wochen, 3-mal täglich betupfen, ½ Stunde darauf belassen.

Mit Honig abdecken, nach 15 Tagen sollte die Warze abfallen.

Fußsohlenwarzen reagieren auf den Saft von frischem Schöllkraut, Wolfsmilch, grünen Feigen, Ringelblumen, Wegerich oder Bananenschalen. Betupfen oder Pflanzen überbinden.

Nicht vergessen: 1-mal wöchentlich die verdickte Hornschicht der Füße entfernen.

REZEPT-INDEX

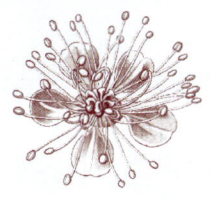

DIE AUTORIN

Walheide Tisch bildet in 1 ½- jährigen zertifizierten Lehrgängen („Volksheilkundlicher Kräuterkurs nach Ignaz Schlifni") Kräuterexperten/Innen aus.

Das weitere Kursangebot:
Kosmetik selber rühren, Seifen sieden, Geschenke selber machen, Kräuterseminare zu Spezialthemen

Termine und Anfragen:
info@naturschoenheit.at
www.naturschoenheit.at

Bezugsquelle für alle Rohstoffe:
www.naturschoenheit.at

Neueste und konventionelle Rohstoffe, viele davon in kontrolliert biologischer Qualität, dazu viele Beschreibungen und Rezepte, sowie Auskunft und Beratung unter *info@naturschoenheit.at*

Für jene, die nicht immer Zeit haben selbst zu rühren, gibt es die biologisch zertifizierte Kosmetik „Naturschönheit" auf Bestellung.

Naturschönheit, Hauptplatz 19, A-9853 Gmünd